Unterwegs zur Harmonie der Religionen

Simran Bakshi
in geistiger Verbundenheit
Ihre
Inge von Wedemeyer
Sept. 92

Inge von Wedemeyer

Unterwegs zur Harmonie der Religionen

Fakten und Tendenzen
zur Verwirklichung
einer Universalen Ökumene

Ein Beitrag
zum geplanten »Weltparlament der Religionen«,
in Chicago

道

Werner Kristkeitz Verlag

Das Motiv des mythischen Weltbaumes auf dem Umschlag stammt aus der Moschee in Córdoba. Zeichnung: Ursula Papperitz.

Werner Kristkeitz Verlag, Heltenstr. 1, 6906 Heidelberg-Leimen

Gedruckt in Deutschland

ISBN 3 921508 47 9

M.F.
in tiefster Verehrung
und Dankbarkeit

»Laß Frieden unter den Menschen sein,
Frieden im Herzen — rings um die Erde!«

Inhalt

Harmonie der Religionen

Im Geist einer Universalen Ökumene

Kann es eine Harmonie der Religionen geben? Ist es nicht eine Utopie, eine Phantasterei? Ist es nicht das Konzept unverbesserlicher Schwärmer, die die Augen vor der Realität der Geschichte verschließen?

Die Geschichte der Menschheit — das ist doch nichts anderes als eine Geschichte der Macht- und Religionskriege, der Intoleranz, der unerbittlichen Feindschaft gegen Andersdenkende! Ja, die Religionen und ihre weltlichen »Geschwister«, die Weltanschauungen, scheinen die Hauptursache für die Zwietracht der Menschen dieses Globus zu sein.

Man kann das aber auch ganz anders sehen: Obgleich die Menschen immer wieder in unversöhnlich erscheinendem Haß gegeneinander aufstehen, erneuert das Leben sich unablässig von innen heraus. Von innen — aus einer unbekannten, geheimnisvollen, offensichtlich unversiegbaren Quelle! Aller menschlichen Vernichtungskampagnen zum Trotz erweist das Leben sich als unbesiegbar, unversiegbar! So heißt es in der Bhagavad Gita, dem großen Weisheitsbuch der Hindus:

»So wisse denn: Unsterblich ist der Geist,
Der alles Lebens Kraft und Ursach' ist.
Er kann nicht untergehen, niemand kann
Des Daseins Grund, das Ewige, vernichten.«

(*3*, 2, 17)*

* Kursive Zahlen beziehen sich auf die Literaturhinweise, Seite 191 ff.

Wenn eine Kultur nach wunderbarer Blüte schließlich verfällt, stehen neue Kräfte auf. Ein neuer Kulturheros vermittelt neue Impulse von kaum zu begreifender geistiger Kraft, und es entfaltet sich eine neue Kultur, in der zudem so manche guten und heilvollen Kräfte aus dem Alten weiterwirken, so als gäbe es einen roten Faden des Heilvollen, der seit Urzeiten durch alle Epochen und Kulturen hindurch weitergesponnen wird.

Wieder am Ende,
wieder im Anfang,
in steigenden Kreisen.

Man könnte die Geschichte der Menschheit folgendermaßen charakterisieren: Es ist die Entwicklung des Menschen zur Menschlichkeit, die — seit Adams Zeiten — von jedem einzelnen geleistet werden muß. Mitten in den Nöten und unermeßlichen Leiden des Lebens, die man der noch fehlenden Erkenntnis und dem individuellen sowie kollektiven Unverstand zuzuschreiben hat, vollzieht sich eine Entwicklung, deren Vollendung vorbildhaft von den Weisheitslehrern der Menschheit vorgelebt wird.

Weltweit kann man heute einen eindrucksvollen und intensiven geistigen Aufbruch beobachten. Man kann ihn beobachten, weil die Menschheit in Bezug auf Wissenschaft, Verkehr, Wirtschaft und in noch vielen anderen Belangen zusammengerückt ist. In einer besonderen Art von »Völkerwanderung« begegnen sich die Menschen der verschiedenen Rassen, Religionen, Weltanschauungen, Lebensstile und Ansprüche. Man kommt einander nahe — nicht selten zu nahe. Tatsächlich aber entspricht diesem äußerlichen Zusammenkommen doch ein innerer Aufbruch; es zeichnet sich die Möglichkeit eines geistigen Miteinander ab, eines Dialogs mit den Menschenbrüdern in aller Welt, um die neue Gemeinsamkeit in allen Bereichen — in der Religion, aber auch im Sozialen und Politischen — lebbar zu machen. Ja, die Sehnsucht nach einem Dialog ist vermutlich sogar der tiefere Beweggrund für die äußere Kommunikation.

Man ist unterwegs zu einem ökumenischen Miteinander. Was sich allerdings »Ökumene« nennt, ist heute häufig noch ein Auseinandersetzen statt eines Zusammensetzens. Manchmal scheint der ökumenische Dialog der verschiedensten Partner nichts anderes zu sein als ein Streitgespräch, eine neue Form des kalten Krieges — statt Dialog eine Diskussion mit der Tendenz der Selbstbehauptung durch Sieg über den anderen. In weiten Bereichen herrscht noch immer hartnäckige Überheblichkeit, starrköpfiges Festhalten an dem sogenannten »Unverzichtbaren« der eigenen Religion und Weltschau im Kampf gegen die scheinbare Unbelehrbarkeit der anderen . . . Zunächst meinen noch viele, sie allein hätten den »richtigen« Gott.

Man muß hier geduldig verstehen, daß die Ursachen für die Problemsituation häufig in Mangel an Information liegen, in Mißverständnissen, Fehldeutungen, eingewöhnten Vorurteilen, auch in fehlender Bildung, zudem nicht selten an der Unfähigkeit, auch bei bestem Willen, schon zu tieferer Einsicht und Weitsicht zu finden, die erst durch entsprechende seelisch-geistige Entwicklung möglich ist.

Die Weisheitslehrer der Menschheit bekennen einmütig, daß es nur den Einen Gott gibt, den

Ewigen, Einzig-Seienden, die Gottheit; und jeder der vielen Wege, die letztlich zu Ihm führen, gleicht einer Bergbesteigung, die von verschiedenen Seiten aus unternommen wird. (Hazrat Inayat Khan)

Diese Worte möchten als Ariadnefaden zu einer Harmonie der Religionen dienen, zu einer Universalen Ökumene, zu einer »künftigen Pan-Ökumene aller Gotteskinder« (Pinchas Lapide) — ohne Synkretismus, auf daß wir alle in versöhnter Vielfalt dem Einen einträchtig dienen — wir alle unterwegs zur Harmonie mit dem Unendlichen.

Vom Wesen der Religion

Jeder Mensch trägt eine Sehnsucht und Hoffnung im Herzen; eine Unruhe regt sich in ihm, gleich einem schwelenden Brand oder einer flackernden Flamme. Wendet man sich nun mit dieser Sehnsucht nur der äußeren Welt zu und sucht dort Befriedigung und Erfüllung, so wird man unablässig getäuscht und enttäuscht; denn die Seele sehnt sich über diese Welt hinaus. Diese Sehnsucht ist der Wegbereiter auf ihrem Pfad und führt den Menschen sowohl über diese Welt hinaus als auch mitten in der Welt, in der er seine Aufgabe hat.

Diese Erfahrungen und Erlebnisse, diese Ur-Sehnsucht und Hoffnung des Menschen begründen die Religion, die also in jedem Menschen als natürliche Anlage vorhanden ist.

»Ach, dieses brennende Heimweh nach dem Unbeschreibbaren, nach dem Unsterblichen, nach dem

Todlosen, nach dem, was unnennbaren Frieden bringt und eine Liebe, die grenzenlos in ihrer Weite ist! Eines jeden Menschen Herz fühlt dies, und es ist die rettende Macht im Menschen . . .« G. v. Purucker

Auch »der auf das Materielle gerichtete Mensch trägt im Herzen doch ein stummes Sehnen, die Tiefe des geistigen Ideals, das er verleugnet, zu ergründen.« Hazrat Inayat Khan

Religion ist dem Menschen so natürlich, daß es auf der Erde und zu allen Zeiten der Geschichte und Vorgeschichte kein Volk gegeben hat, das nicht seinen Botschafter und seine Religion gehabt hätte.

Religion ist Ausdruck für das göttliche Heimweh der Seele.

Religion ist das antwortende Gespräch der Seele mit Gott.

Das tiefste Geheimnis der Geheimnisse, das wir Gott nennen, ist die Antwort auf jede Frage. (Hazrat Inayat Khan)

Religion ist stets sowohl *die* Religion als auch *eine* Religion. Das heißt, im Kern aller Religionen schlägt das Herz, brennt die heilige Flamme, die im Innersten aller Menschen entzündet ist, gleich einer wegweisenden Fackel, die ihn heimführen möchte zu Gott. *Die* Religion meint also keine bestimmte Konfession, sondern ist die Uranlage der Religion in jeder Seele, ist das Aufscheinen der »Ewigen Religion«.

Zudem ist Religion auch stets *eine* Religion, weil sie in der Weise wie man sie in seiner geistigen Heimat empfängt, von einem der erhabenen Religionsstifter zu einer bestimmten Zeit einem bestimmten Volk offenbart wurde, und hat in ihrer Eigenart und in ihrem Lebensfeld bestimmte Formen, Sitten und Gebräuche, Vorstellungen und Gebete, mit anderen Worten eine eigene »Konfession« entwickelt.

Religion ist stets sowohl eine Form, eine bestimmte Art und Weise, in der die Gottheit verehrt wird, ist ein Gottesgesetz, nach dem die Gemeinschaft harmonisch zusammenleben kann, und ist zudem im inneren Sinne ein Pfad, eine Stufenleiter, auf der die Seele emporsteigen kann zu der Ebene, auf der sie vom Licht der Einheit und Seligkeit erleuchtet wird.

In jeder Religion sind diese beiden Elemente unverzichtbar vorhanden. So steht im Christentum neben den Zehn Geboten der mystische Pfad des Herzensgebetes. So steht im Islam neben der Sharia, der Lehre, neben dem Vollzug im täglichen Leben, Tariqa — der Innere Pfad, die Mystik. Entsprechendes wäre von allen Religionen zu berichten, wobei die Lehre, mit anderen Worten das Bemühen um Rechtschaffenheit, stets die unverzichtbare Basis auch für den Inneren Pfad darstellt.

Die Religion lehrt den Menschen also sowohl die *vita activa* als auch die *vita contemplativa*, gemäß seiner Doppelnatur. Hierzu schreibt Paulus, daß wir Tempel Gottes sind und der Geist Gottes in uns wohnt (1. Kor. 3, 16). Und er unterscheidet zwischen dem sterblichen, dem stofflichen Menschen und dem »himmlischen Menschen«, der als Träger des Christus im Menschen angesehen wird — als Träger des Göttlichen Funkens der Unsterblichkeit. Da heißt es: »Der erste Mensch ist von der Erde und irdisch, der andere Mensch ist der Herr vom Himmel.« (1. Kor. 15, 47)

Und weiter: »Es wird gesät ein natürlicher Leib und

wird auferstehen ein geistiger Leib.« (1. Kor. 15, 14)

Diese Unterscheidungsschau, also das Unterscheiden zwischen dem Sterblichen und Unsterblichen, lehren auch die anderen großen Religionen, denn stets ging und geht es darum, mit dieser Doppelnatur zu leben, d.h. über dem Leben in der Welt nicht den Himmel, oder über der Sehnsucht nach dem Himmel nicht die Aufgabe in und an der Welt zu versäumen. Richtig verstanden bilden *vita activa* und *vita contemplativa* eine harmonische, dynamische Einheit, und zwar jeweils der Entwicklungsstufe des einzelnen angemessen.

Religion ist Wegweiser im Diesseits und Wegweiser zum Jenseits.

Religion ist der Glaube an den Einen/das Eine und ist die Lehre für das Leben und die Bewährung in der Welt und über diese Welt hinaus.

Der Heilige Augustinus bekannte: Gott, Du prägtest in mein Herz, daß es keine Ruhe findet, ehe es nicht Ruhe findet in Dir!

Grundlage aller Religion: Man ahnt — und schließlich weiß man: Wir kommen aus Gott und kehren heim zu Ihm — gleichviel welchen Namen wir dem Einen auch geben mögen.

Das ist die Hoffnung, das ist das Ideal, das ist der Glaube.

Aber wie lebt man das?

Nicht indem man eifert und diskutiert, sondern indem man den Weg sucht und geht.

Nicht nur Theologie, sondern vor allem Glauben.

Nicht nur Wissen und Kenntnisse, sondern Erkenntnis.

Nicht nur Information, sondern Erfahrung und Wandlung.

Dabei steht jeder in einer bestimmten Tradition, die ihn bis ins Unbewußte hinein geprägt hat. So ist z.B. der Abendländer, ob er es nun wahrhaben möchte oder nicht, ob er es leugnet oder nicht, vom Christentum geprägt, selbst wenn er es nie praktiziert hat. Die gesamte abendländische Kultur ist unauslöschbar von christlichen Vorstellungen geprägt, auch für diejenigen, die sich heute zu einer postchristlichen Ära emanzipieren möchten. Wer sich abwendet, hat es dabei nicht leichter als derjenige, der sich der Tradition zuwendet.

Tradition und Fortschritt liegen heute miteinander im Streit. Kann Tradition überhaupt noch sinnvoll gelebt werden? Tradition echt und sinnvoll leben, bedeutet: Sich-Bewähren am Bewährten. Und richtig verstandene Tradition bereitet einem organischen Fortschritt den Weg.

Johannes Paul II. warnte vor einem sich nicht zuletzt durch religiöse Gleichgültigkeit ausbreitenden Atheismus und wies auf eine »praktische und fortschreitende Abtrennung aller gesellschaftlichen Bereiche von den transzendentalen und universalen Fundamenten« hin.

Ebenso aber ist hinzuweisen auf die immer intensivere Hinwendung zum Religiösen, allerdings auch Pseudoreligiösen, die der Unerfahrene so schwer voneinander unterscheiden kann.

Worum geht es letztlich? Nicht um Meinungen, sondern ganz konkret um das Weiten des Herzens dank der Gottesliebe. Das ist Religion. Das ist der

Schlüssel zu Gottes Geheimnissen. Das ist der Schlüssel zum Pfad. Und darum geht es in der Schulung.

Alle Weisheit ist in dem Einen, kommt von Ihm und führt zu Ihm zurück. Und alle Weisheit ist Gottesliebe.

Der Urvertrag

Wer fragt nach einer Harmonie der Religionen? Wer fragt überhaupt noch nach Religion? Religion ist für nur allzu viele Menschen der westlichen Welt gar kein Thema mehr. Sie haben sich achselzuckend und gleichgültig abgewandt.

Und haben sie nicht recht? Ist Religion nicht Privatsache? Kann nicht jeder denken und wollen, was er will? Ist Religion nicht eine Bindung, die für einen modernen, freiheitsbewußten Menschen unwürdig ist?

Religion betrifft den allerintimsten und privatesten Bereich des Menschen, nämlich sein Herz und seine Seele. Und doch gibt es letztlich keinen absolut privaten Bereich, denn mit allem, was wir fühlen, denken und wollen, wirken wir in die Welt hinein und sind verantwortlich für das, was wir der Umwelt und den Mitmenschen damit schenken oder — antun.

Die ganze Menschheit, ja der ganze Kosmos bildet eine Einheit, gleichsam einen Organismus, in dem jeder seinen Platz hat. Gut, und können wir den nicht vernünftig ausfüllen, wenn wir gewisse ethische, verbindliche Normen aufstellen und weltliche Gesetze? Spätestens beim Zusammenbruch der verschiedenen weltlichen Ideologien unserer Epoche ist es doch den meisten klar geworden, daß die Verantwortung, die man gegenüber Gesellschaft und Gesetz aufgebürdet bekommt, nicht ausreicht. Man erkennt, daß es notwendig ist, sich einer höchsten, übergeordneten, einer transzendenten Instanz gegenüber verantwortlich zu fühlen — einer Instanz, der man nicht ausweichen kann, vor der man nicht mogeln kann, die man nicht betrügen kann, sondern die »alles« sieht und — allgütig ist.

Die moderne Gesellschaft hatte gemeint, ohne Religion auskommen zu können. Man sucht das Schlaraffenland, nicht das Paradies — und ist dabei innerlich am Verhungern und Verdursten.

Man pflegt die materiellen Lebensqualitäten und meint, auf eine geistige Lebensqualität verzichten zu können, indem man die materielle Lebensqualität eifrig und erfinderisch zu einer Ersatzreligion ausbaut.

Über dem Portal einer Universität in den Vereinigten Staaten war eines Morgens zu lesen:

»Gott ist tot. Nietzsche.«

Am nächsten Morgen war die Schrift gelöscht, und es stand da statt dessen:

»Nietzsche ist tot. Gott.«

Aber wer fragt tatsächlich noch oder wieder nach Gott? Darauf ist zu antworten: viele, sehr viele, immer mehr Menschen!

Nach dem Frakasso unserer säkularisierten und vom Fortschrittsglauben besessenen Gesellschaft, das von vielen als heilsamer Schock erlebt wird, fragt man wieder nach Gott und nach Religion. Aber sind solche Fragen nicht nur Ausdruck einer Bankrotterklärung? Ist es nicht eine Art Atavismus, wenn man nun doch wieder auf die »überwundene Bewußtseinsstufe« der Religiosität zurücksinkt?

Nicht zuletzt ist es die Naturwissenschaft, die den Weg aus der Sackgasse weist. (*11*)

Werner Heisenberg schrieb: »Der erste Trunk aus dem Becher der Naturwissenschaft macht atheistisch, aber auf dem Grund des Bechers wartet Gott.«

Und von Max Planck stammen die Worte: »Wir sind durch Fragen rein physikalischer Natur hinausgeführt worden über die Sinnenwelt in die reale metaphysische Welt, die uns wegen der Unmöglichkeit, sie direkt zu erkennen, als etwas Geheimnisvolles entgegentritt.«

Trotzdem gibt es auch heute noch streng materialistisch denkende Forscher, so z.B. Prof. Marvin Minsky, führender »hardliner« in Bezug auf die Möglichkeit künstlicher Intelligenz; für ihn ist das Gehirn aus hunderten verschiedener Arten von Maschinen gemacht, deren Funktionen auch von einem entsprechend entwickelten Computer wahrgenommen werden können. Für ihn sind Affen Computer und Menschen sind bessere Computer. (*42*)

Auch unter den Laien gibt es nicht wenige, die Worte wie die von Max Planck und Werner Heisenberg skeptisch betrachten, vor allem diejenigen, die in Kindheit und Jugend in unguten konfessionellen beziehungsweise sektiererischen oder areligiösen Verhältnissen gelebt haben, und denen es ein grauenhafter Gedanke ist, wieder in solche Einengungen hineinzugeraten. Sie haben es als falsch erkannt und können sich meist nicht vorstellen, daß es auch einen »echten« religiösen Weg gibt — allerdings ist er nicht eben leicht zu finden.

Viele werfen der Religion vor, sie sei unfähig, die Menschen zu bessern, denn z.B. seien die Menschen trotz Christentum weiterhin keineswegs Engel und das Leben eine Plage.

Eben wegen unserer Unvollkommenheit brauchen wir Religion.

Vollkommene Wesen brauchen keine Religion mehr, denn sie sind »religiert«, wiederverbunden mit Gott, angekommen im Ziel.

Solange Adam im Paradies weilte, brauchte er keine Religion. Gott schloß mit ihm einen Urvertrag, und solange Adam sich an diesen Vertrag hielt, war das Paradies seine Heimat, und er durfte dort leben und glücklich sein.

Laut des Urvertrages durfte Adam die ganze Herrlichkeit des Paradieses genießen — nur nicht die Früchte vom Apfelbaum. Nach allem, was Adam so überreich vom Herrn geschenkt bekam, war dies gleichsam die »Gegenleistung«, in der Adam seinen freiwilligen Gehorsam gegen Gott beweisen sollte. Die ganze Natur gehorcht unbewußt und instinktsicher dem Gebot Gottes, der Mensch aber ist zu einem Bewußtsein erwacht, in dem Gott ihm die Fähigkeit anvertraut hat, sich aus wacher Erkenntnis und bereitwilligen Herzens für Gott zu entscheiden. Adam aber aß von dem Apfel, hat also die »Spielregeln« nicht eingehalten, hat sich sozusagen selbst aus dem Paradies vertrieben. Dann aber sehnte er sich zurück zum Herrn. Und der Herr erbarmte sich und lehrte ihn den Pfad der Heimkehr, wie es in der islamischen Überlieferung sehr schön dargestellt wird.

Im Alten Testament wird der Urvertrag Gottes mit dem Menschen als der Alte Bund dargestellt, im Neuen Testament als der Neue Bund, im Islam als »alastu«, der Urvertrag. Auch mit Abraham und Noah schloß Gott den Bund. Ja, Gott hat den Bund mit jedem Menschen geschlossen! Und für alle gilt als Symbol des Bundes der Regenbogen, den Gott in die Wolken gesetzt hat (Hes. 1, 28), die Brücke von Gott zu uns, von uns zu Ihm.

Die Ur-Sünde des Menschen, das Ur-Unheil, seine erste »Vergeßlichkeit«, ist die Selbstherrlichkeit, in der der Mensch sich über Gottes Willen hinwegsetzt und sein will *wie* Gott — es bedeutet Versagen und Verzweiflung —, statt das Sein *in* Gott anzunehmen — es ist Seligkeit.

Das erste Unheil: Adam — d.h. der Mensch, du und ich — ißt die verbotenen Früchte.

Das nächste Unheil war der Brudermord. Kain tötet Abel, weil er ihm das von Gott angenommene Brandopfer neidet.

Das erste Unheil: Befleckung der Gottesliebe.

Das zweite Unheil: Befleckung der Nächstenliebe.

Und so stehen diese beiden tiefsten Kräfte des Menschen — Gottesliebe und Nächstenliebe — als archetypische Menschheitserfahrung im Zentrum aller Religionen.

»Liebe Gott von ganzem Herzen und deinen Nächsten als dich selbst« — das ist daher der Schlüssel, mit Hilfe dessen die Menschheit heimkehren kann und darf zu Gott, ins Paradies.

Das ist daher die Grundlage aller Religionen, die Grundlage sowohl der ganz individuellen Frömmigkeit als auch der Religionsgemeinschaft, in die man hineingestellt ist oder sich hineingestellt hat, und auch Grundlage der universalen Frömmigkeit, die für die ganze Menschheit gilt — in der Pan-Ökumene aller Gotteskinder.

Daher ist Religion stets Religion des Herzens, ist Entfaltung der höchsten Qualität, zu der ein Mensch fähig ist, der Liebes-Qualität. Das ist nicht sentimental-gefühlig gemeint, auch reicht dorthin keine intellektuelle, Solidarität anstrebende Intention, sondern hier geht es ganz konkret um die Entfaltung des Herz-Chakras, als dem hohen Ziel des Inneren und des daraus sich entfaltenden äußeren Pfades.

Der Mensch wird solange Religion brauchen und trotz Religion irren, »sündigen«, in Unwissenheit verharren, bis daß die Religion ihren höchsten und heiligen Zweck in und am und durch den Menschen mit Gottes Hilfe gefunden hat: bis wir heimgekehrt sind ins Vaterhaus, versöhnt mit Gott, gleich dem Sohn, der verloren war; diese uralte Geschichte, für die es in allen Religionen Entsprechungen gibt.*

Religion ist Versöhnung mit Gott, die zur Versöhnung mit dem Mitmenschen führt.

Religion ist Erlösung vom Bruderzwist.

Daher ist Religion der Weg zum Frieden in uns und um uns.

Aber noch ist das Kainsmal nicht ausgelöscht auf unseren Stirnen.

»Alle hohen Religionen lehren nicht nur den Weg zu Gott, sondern immer zugleich zum ›Nächsten‹,

* Siehe Inge von Wedemeyer, »Schicksal der Menschheit«.

und der Nächste ist nicht nur jeder Mensch ohne Ausnahme, sondern im Grunde jedes lebende Wesen. Der mystische Heilsweg ist auch nicht vollendet in der ›vita contemplativa‹ — in der Flucht des Einsamen zum Einsamen, wie Plotin sagt, sondern er findet seine notwendige Fortsetzung im Dienst am Bruder, in der ›vita activa‹.« Fr.Heiler (*24*)

Es bilden sich heute viele Bruderschaften und — unterwegs zum »Commonwealth der Religionen« — suchen sie häufig Kontakt untereinander. Man kann auch beobachten, wie religiöse Kreise, die sich einst oft streng sektiererisch abschlossen, heute ein offenes Miteinander, eine lebendige Begegnung mit anderen Gruppen suchen, — nicht um einander Anhänger abzuwerben, sondern in reifender geistiger Toleranz. Das ist ein Novum! Das ist ein Merkmal für das aufkommende Neue Zeitalter, das alle Weisheitslehrer — als eine kosmische Realität! — verheißen haben, und das nun schon seine Morgenröte erlebt.

»Es gibt nur Eine Bruderschaft,
die Menschenbruderschaft, die ohne Unterschiede
die Kinder der Erde
in der Vaterschaft Gottes vereinigt.«

Hazrat Inayat Khan (*28*)

Die Heilsmöglichkeiten der Christen und der Nicht-Christen

Heilsmöglichkeiten auch für Nicht-Christen? Es gibt noch immer nicht wenige Christen, die bestimmte Aussagen des Neuen Testamentes, die allerdings auch ganz anders übersetzt und verstanden werden können, so auslegen, als handele es sich um Zusicherungen, laut derer nur und ausschließlich der getaufte Christ im Schoße der Kirche zum Heil finden kann.

Ja, man kann das auch ganz anders sehen. Hierzu Stimmen von vier Autoritäten — dem Heiligen Augustinus, Meister Eckehart, Karl Jaspers und dem Heiligen Franz von Assisi:

Der Heilige Augustinus schrieb: »Was man jetzt als christliche Religion bezeichnet, bestand bereits bei den Alten und fehlte nie seit Anfang des Menschengeschlechtes, bis Christus im Fleische erschien, von wo an die wahre Religion, die schon vorhanden war, anfing, die christliche genannt zu werden.« (*24*, S. 672)

Hierzu ist es hilfreich, sich die Bedeutung des Wortes »Christus« zu vergegenwärtigen. Es stammt von dem griechischen Charistos, d.h. der/das Beste — es ist der Logos, der Geist der Führung, zu dem sich alle Religionen unter verschiedenen Namen bekennen, und von dem auch der Christ sagt: »Es ist in keinem andern Heil . . .« Der Name des Hindu-Gottes Sri Krishna stammt aus derselben Wurzel.*

Meister Eckehart schrieb: »Alles, was die Heilige Schrift über Christus sagt, gilt gleichermaßen für jeden guten und göttlichen Menschen.«

Von Karl Jaspers stammen die Worte: »Der Ausschließlichkeitsanspruch (einer Religion) ist Menschenwerk und nicht auf Gott gegründet, der dem Menschen viele Wege zu sich geöffnet hat.«

Und schließlich der Heilige Franz von Assisi:

* Siehe Inge von Wedemeyer, »Sri Krishna und Jesus Christus«

»Jedes Weisheitswort, möge es von einem Christen oder einem Nicht-Christen stammen, hat Gottes Weisheit zur Quelle.« (*24*)

Aus eben dieser Quelle werden auch die heiligen Symbole der Menschheit gespeist, ja sie haben hier ihren Ursprung. Wunderbar ist die Einheit der ursprünglichen Symbole, die der ganzen Menschheit als eine heilige Zeichensprache gehören, und die daher jedermann im Grunde genommen intuitiv versteht. Da ist das Ei und das Kreuz, der Stab und die Schlange, Tor und Leiter und vieles mehr.* Hierzu ein Beispiel aus der altperuanischen Kultur:

In Chavín de Huantar gibt es eine unterirdische Kathedrale. In einen Berg sind Stollen getrieben, und die zentrale Galerie wird von zwei einander in Kreuzesform überschneidenden Gängen gebildet. Am Kreuzungspunkt steht aufrecht ein Pfahl, an den der Sonnengott geheftet ist. Das ist das Zentrum des Heiligtums. Ein indianischer Christus, der aber aus der Zeit um 500 vor Christus stammt!

Dieses Ereignis kann zum Schlüsselerlebnis werden, dank dessen man die absolute Universalität des Religiösen und der archetypischen Menschheitssprache der religiösen Symbole anfängt zu verstehen.

Die innerste Wahrheit aller Religionen ist einem Seil vergleichbar, das Himmel und Erde verbindet. In der Sufitradition heißt es: »Und wenn du hundert Knoten knüpfst, das Seil bleibt eines.« Dschelal-ud-Din Rumi

Für den abendländischen Menschen ist es wichtig

* Siehe Inge von Wedemeyer, »Der Pfad der Meditation im Spiegel einer Universalen Kunst«

zu hören, was die christlichen Kirchen heute zu der Heilsmöglichkeit der Nicht-Christen äußern. Eine tiefe innere Bewegung, ein Aufbruch, fand seinen Ausdruck im zweiten Vatikanischen Konzil (*68*) — 1962-1965 —, das aufrüttelnde und befreiende Aussagen machte. Es war ein Jahrhundertereignis, und eben deshalb nimmt es nicht wunder, wenn es noch lange nicht in seiner ganzen Fülle verstanden wird, ja viele Auslegungen und Auswirkungen offensichtlich noch nicht in die rechte Richtung führen.

Man sollte sich daher bewußt einige der offiziellen Aussagen zum 2. Vatikanischen Konzil vergegenwärtigen; da heißt es: »In unserer Zeit, da sich die Menschheit von Tag zu Tag enger zusammenschließt und die Beziehungen unter den verschiedenen Völkern sich mehren, erwägt die Kirche mit um so größerer Aufmerksamkeit, in welchem Verhältnis sie zu den nichtchristlichen Religionen steht. Gemäß ihrer Aufgabe, Einheit und Liebe unter den Menschen und damit auch unter den Völkern zu fördern, faßt sie vor allem ins Auge, was den Menschen gemeinsam ist und sie zur Gemeinschaft untereinander führt.«

Im Vatikan gibt es seither ein Sekretariat für Kontakte mit nicht-christlichen Religionen, von dem wichtige und vielfältige Initiativen ausgehen. Ja, es änderte inzwischen den Namen und wurde zu einem »Pontifikalen Rat für interreligiösen Dialog« und hat seine Aktivitäten noch erheblich erweitert, z.B. durch eine große Zunahme interreligiöser Dialoge, in Indien z.B. durch viele akademische Treffen und Gespräche in theologischen Institutionen, hinzu kommen öffentliche interreligiöse Konferenzen und manches mehr. (5, 42)

Hier nun noch einige entscheidende Worte aus dem Text des Zweiten Vatikanischen Konzils: »Von den ältesten Zeiten bis zu unseren Tagen findet sich bei den verschiedenen Völkern eine gewisse Wahrnehmung jener verborgenen Macht, die dem Lauf der Welt und den Ereignissen des menschlichen Lebens gegenwärtig ist, und nicht selten findet sich auch die Anerkenntnis einer höchsten Gottheit oder sogar eines Vaters . . . Die Katholische Kirche lehnt nichts von alledem ab, was in diesen Religionen wahr und heilig ist. Mit aufrichtigem Ernst betrachtet sie jene Handlungs- und Lebensweisen, jene Vorschriften und Lehren, die zwar in manchem abweichen von dem, was sie selber für wahr hält und lehrt, doch nicht selten einen Strahl der Wahrheit erkennen lassen, die alle Menschen erleuchtet.«

Der Prälat Johannes Österreicher sagte im Kommentar zum Konzil: »Zum ersten Mal in der Geschichte spricht hier ein Konzil mit Anerkennung vom Tasten der Menschen, Stämme und Völker nach dem Absoluten; zum ersten Mal beugt es sich in Ehrfurcht vor dem Wahren und Heiligen anderer Religionen als dem Werk des Einen lebendigen Gottes.«

Zu betonen ist auch, daß sich nicht nur die christliche Religion, sondern alle großen Religionen als Erlösungsreligionen verstehen. Und die andere entscheidende Gemeinsamkeit: In allen Religionen ist die Gottesliebe, die Liebe zu dem Einen, die tiefste Lehre!

Immer wieder hört man von Christen den Einwand, die christliche Liebe habe aber eine andere Qualität. Es ist schwer zu sagen, von was für Erfahrungen diese Behauptung ausgeht. Tatsache aber ist, daß die Entfaltung des Herz-Chakras in den anderen traditionalen, noch in der Tiefe lebendigen Religionen ebenso im Mittelpunkt steht, wie dies, jedenfalls im mystischen Christentum, auch heute noch der Fall ist.

Im Buddhismus heißt es im Dhammapadam:

»Vom Herzen gehn die Dinge aus,
Sind herzbezogen, herzgefügt:
Wer bösgewillten Herzens spricht,
Wer bösgewillten Herzens wirkt,
Dem folgt notwendig Leiden nach,
Gleichwie das Rad dem Hufe folgt ...
Es wird ja Feindschaft nimmermehr
Durch Feindschaft wieder ausgesöhnt:
Durch Liebe nur erlischt der Haß,
Ein ewiges Gesetz ist das.«

Buddha sagte: »Breite deine Liebe ins Unendliche aus.«

Im Hinduismus verkünden schon die Veden die Lehre von der Liebe: »Einer ist, auf dessen Geheiß die Winde wehen, das Feuer brennt und der Tod über die Erde schreitet.« Und wie ist Ihm Anbetung darzubringen? Durch Liebe! »Anbetung sei Ihm als dem einzig Geliebten, teurer als alles in diesem und dem künftigen Leben.«

Die Bhagavad Gita, gleichsam die »Bibel« der Hindus, ist ein Hohes Lied auf die Liebe und die Unsterblichkeit. Da heißt es:

»Wenn auch das flatterhafte Herz sich sträubt
und ungezügelt in die Weite schweift,
so unterwirf es durch die Kraft der Liebe

und führ's zu Gott zurück.«(*3*, 6, 26)
»Daran erkennt man ihn (den Yogi), daß liebevoll
er gegen alle, die ihm nahen, ist;
ob sie nun Freunde oder Feinde seien,
Bekannte oder Fremde, einerlei,
ob gut, ob böse; alle liebt er sie.« (*3*, 6, 9)

Im Islam gilt der »ewige Mohammed« als »vollkommener Mensch« — al-insan al-kamil —, als verkörperte Liebe. Und die Anrufung Allahs, des Einen Gottes, ist ein Öffnen und geheimes Geöffnetwerden des Herzens.

Der 14. Dalai Lama schrieb: »Liebe und Güte oder Barmherzigkeit bilden die eigentliche Grundlage menschlichen Zusammenlebens. Verlieren wir diese Werte, dann wird die menschliche Gesellschaft in furchtbare Gefahr geraten, ja, das Überleben der Menschheit und aller Lebewesen steht heute auf dem Spiel.« Und weiter: »Heilende Hinwendung ist eine der zentralen Lehren des Mahayana-Buddhismus . . . man opfert sich selbst auf, um das Heil für die anderen zu erlangen.« (*5*, S. 83 ff.)

Auch die jüdische Religion ist Erlösungsreligion. Gott spricht: »Fürchte dich nicht, Ich habe dich erlöst.« (Jes. 43, 1) Das ist Verheißung und Gewißheit zugleich!

Und das doppelte Liebesgebot stammt bekanntlich schon aus dem Alten Testament (5. Mose 6, 5 und 3. Mose 19, 18)! Jesus erwies sich als treuer Sohn seiner Religion, indem er es als das vornehmste Gebot herausstellte: »Du sollst Gott, deinen Herrn, lieben von ganzem Herzen . . . und deinen Nächsten als dich selbst.« (Matth. 22, 37-40)

»Wenn je so eine Katastrophe über die Menschheit hereinbrechen sollte, daß eine einzige Religion alles überschwemmte, dann müßte Gott für eine neue Arche Noah sorgen, um seine Geschöpfe vor seelischer Verarmung zu retten«, schrieb der indische Dichter und Philosoph Rabindranath Tagore.

Die Vielfalt und Vielheit ist die unerschöpfliche Fülle, die in der Einen Einheit ihren Ursprung, ihre Heimat und ihr Ziel hat.

Der Hindu sagt: Einheit in der Vielfalt ist der Plan der Schöpfung.

Wird dies richtig verstanden, so besteht bei der Begegnung mit einer anderen Religion keine Gefahr unguter synkretistischer Vermischung, Gleichmacherei und Nivellierung, auch wenn es zu allen Zeiten so war, daß eine neue Religion Altes übernahm; das war und ist ein natürlicher Vorgang, vergleichbar dem Erbe, das Kinder von ihren Eltern übernehmen. So hat das Christentum beispielsweise einst das ursprünglich »heidnische« Weihnachtsfest übernommen und aus der Zarathustrischen Überlieferung das Heilige Abendmahl.

»Wenn schon die christlichen Kirchen noch nicht zur Einheit und Einigung in Christus finden konnten, wie viel schwerer ist es da für den Abendländer, ›allökumenisch‹ zu denken, d.h. im Sinne einer toleranten Gemeinsamkeit auch mit den Anhängern anderer Religionen, die so oft als Synkretismus mißverstanden und verworfen wird. Dieses Wort bedeutet ›Verschmelzung‹ und wird im allgemeinen als eine unharmonische und vor allem nivellierende, die schöpferischen Kräfte lahmlegende Vermischung betrachtet. Eine derartige Vermischung ist aber etwas ganz anderes als das allökumenische Denken einer menschheitumfassenden Toleranz, die das Streiten, gerade um der Religion und um des Glaubens willen, ablehnt. Statt andere herabzusetzen oder gar zu bekämpfen, sollte mehr und mehr versucht werden, die Menschen aus dem Geist ihrer Religion heraus zu verstehen.« Und weiter: »Die Erkenntnis der Einheit im Geiste führt nicht zum Nivellieren, zu einer Gleichförmigkeit des Denkens und Fühlens, sondern man erkennt im Gegenteil immer mehr die Vielfalt der Erscheinungen und Individualitäten und wird für jeden Menschen mehr Verständnis aufbringen.« Múrshida R.F. von Scholtz (*53* und *54*)

Eine Universalreligion in Form einer Einheitsreligion wäre religiöses Esperanto. Aber wie läßt sich eine Gemeinsamkeit der Religionen auf heilvolle Weise realisieren? Richtiger ist wohl die Frage: Wie läßt sich die Gemeinschaft von Menschen verschiedener Religionen heilvoll realisieren? Es geht dabei ja keineswegs nur um allgemeine religionsphilosophische und lehrspezifische Fragen, die durchdacht und durchgesprochen werden sollten oder könnten — ja, diese Art der Besprechung ist sogar zurückzustellen gegenüber der existentiellen Frage des Zusammenlebens. In der ganzen Welt und insbesondere bei uns steht man ja unmittelbar vor der Aufgabe, indem bei uns ungezählte Angehörige anderer Religionen leben und mehr oder weniger heimisch werden möchten oder sollten.

Wir leben in Europa heute in einer multikulturalen

und multireligiösen Gemeinschaft, und das Verständnis für die Religiosität unserer Gäste ist erheblich dadurch erschwert, daß nur allzu viele Abendländer die Verankerung in der eigenen Religion, im Christentum, aufgegeben haben und dadurch »Religiosität an sich« kein Thema mehr ist.

Statt Religion hat man bei uns gerne sein parapsychologisches Training, statt Gebet widmet man sich psychologistischen Übungen, statt Gotteserfahrung pflegt man Selbsterfahrung nach Methoden einer säkularisierten Psychologie, die man als Zerrbild der großen klassischen esoterischen Psychologie bezeichnen kann, die in ihrer erhabenen Vollkommenheit zum Beispiel in den Zehn Geboten und der Bergpredigt zum Ausdruck kommt.

So ist es nicht leicht, irgendeine sinnvolle Basis für einen Dialog etwa mit einem gläubigen Hindu oder Moslem zu finden. Auch das Profit-, Erfolgs- und Genußdenken ist keine Basis.

Was haben wir den Andersgläubigen zu sagen? Und was haben sie uns zu sagen?

Um ins Gespräch mit Angehörigen anderer Religionen zu kommen, genügt es auch nicht, in der christlichen Religion »gut Bescheid zu wissen«, sondern nur das Geheimnis des Glaubens kann das Wesen des Glaubens anderer ahnend verstehen.

Für das Gespräch scheint es also notwendig zu sein, selber einen Glauben zu haben. Was bedeutet es: »Wir müssen glauben!«? Man sollte ganz undogmatisch Gott und den Nächsten von ganzem Herzen lieben! Das ist die Basis für Verstehen und Erkennen, Zuneigung und Miteinander, für Brüderlichkeit. Es geht nicht um Bekehrung und Belehrung, sondern ganz schlicht und aufrichtig um Begegnung: Auch du, Bruder Mensch! Auch du, Kind Gottes! Auch du, Pilger auf dem Pfad! Auch du unterwegs zur Harmonie mit dem Unendlichen — auf welcher Stufe der Entwicklung, des Wissens, des Verstehens, des Bewußtseins du auch stehen magst.

Im Koran heißt es: ». . . wetteifert daher nach dem Guten. Wo immer ihr seid, Allah wird euch zusammenbringen . . .« (Sure 2, 148) Und ein andermal: ». . . tretet allesamt in den Friedensstand ein . . .« (Sure 2, 208)

Wenn diese Gesinnung eine Wirklichkeit im Herzen ist, kann das Gespräch mit jedem Bruder einer anderen Religion gelingen, dem schlichten Mann von der Straße und dem Höchstgebildeten.

Gottes- und Nächstenliebe, das ist das Wesentliche der »Religion an sich« — alles andere ist Erklärung, Weiterführung in einem spezifischen Umfeld, in einer bestimmten Zeit, in einer bestimmten Umgebung, unter besonderer Führung von diesem oder jenem Botschafter Gottes.

In einer Begegnung aus dieser Gesinnung geht es selbstverständlich nie um Missionierung und Konversion. Wer fest in seinem Glauben, in seiner Konfession steht und verankert ist, braucht auch nicht fürchten, durch die Begegnung mit einer anderen Religion verunsichert zu werden — und damit ist einer der allerdings häufig wohl unbewußten Gründe für den Widerstand gegen eine andere Religion aus dem Wege geräumt.

Die erste Voraussetzung für eine gute Begegnung

mit dem anderen Glauben ist also der eigene Glaube. Die nächste ist Toleranz, davon nachher noch ausführlich.

Die dritte Voraussetzung besteht darin, den religiösen Minderheiten die praktische Ausübung ihrer Religion zu ermöglichen; so die Einhaltung der Gebetszeiten, der Feiertage, der Ernährungsvorschriften und vieles mehr. Dazu gehören auch die Tabus einer Religionsgemeinschaft, nicht zuletzt die moralischen Grundsätze. Das alles sollte keineswegs diskutiert, sondern mit aller Selbstverständlichkeit respektiert werden.

Man muß verstehen — und die Geschichte der letzten fünfhundert Jahre bietet dafür erschütternde Beispiele, daß einem Menschen das moralische Rückgrat gebrochen wird, wenn er in Verhältnissen leben muß, die ihm sein religiöses Fundament — im Glauben, in der Moral und der Religionsausübung — entziehen, die ihn, mit anderen Worten, seinem tiefsten Wesenskern, seinem Gott entfremden, nicht zuletzt indem sie sein Gewissen unerträglich und unheilvoll belasten.

Aber eben in dieser Beziehung hat der säkularisierte Europäer Anschauungen, die eine heilvolle Begegnung mit anderen Religionen und ihren Angehörigen fast unmöglich machen.

Die Säkularisierung, die Trennung von Staat und Kirche, bedeutet eine Verweltlichung, bei der menschliche Verhaltensweisen, gesellschaftliche Ordnungen, sittliche Forderungen und kulturelle Leistungen von der religiösen Grundlage, auf der sie ursprünglich erwachsen sind, abgelöst und zu rein weltlichen (profanen) Angelegenheiten wurden.

Aber es gibt auch bei uns heute im allgemein zu beobachtenden intensiven geistigen Aufbruch immer mehr Menschen, die diesen folgenschweren Schritt nicht mehr als Fortschritt preisen, mit dem man sich über die als mittelalterlich abgetanen Gemeinschaften anderer Religionen erhebt, sondern man erkennt, daß die Säkularisierung der erste, gravierende Schritt zum Verlust der Kultur war, zu einer Verweltlichung, zu einer Idealisierung der Leistungen der Zivilisation, die alle Bereiche, auch die Kirche, in ihre demoralisierenden Bahnen gezogen hat.

In der Liberalisierung des Denkens und Handelns tat man schließlich die archetypischen Grundlagen der menschlichen Existenz als überholt beiseite und verlor den Boden unter den Füßen. Der Tiefpunkt wurde im sogenannten wertfreien Denken erreicht, dem auch die Wissenschaft in weiten Bereichen verfiel, mit all den furchtbaren Folgen eines zunehmenden Verfalls der Inwelt und Umwelt, ja der moralischen Verwahrlosung, die meist aber gar nicht mehr als solche erkannt wird.

Worin besteht denn im Gegensatz dazu das Ziel einer religiös, d.h. traditional fundierten Kultur? Es besteht darin, eine vom Heiligen, also vom Heilvollen beherrschte Welt zu schaffen. Das aber ist nur möglich, wenn man weiß, daß alle Erkenntnis, alles Wissen auf Gotteserkenntnis beruht. Und diese Erkenntnis wird nur geschenkt, wenn dem Streben ein entsprechendes moralisches Verhalten zugrunde liegt, das Bemühen um ein »reines Herz«. Dieser Vorgang wahren Erkennens bedeutet zugleich »eine heiligende Transformation des Erkennenden.« (*43*)

Daraus wird deutlich, daß eine Neuorientierung und Regelung durch Gesetze und Maßnahmen nur dann möglich ist, wenn sie auf einer geistigen Erneuerung von innen her beruht, wodurch man fähig wird, gültig zu erkennen und zu erfüllen, was im jeweiligen Falle die Entwicklung des Heilsamen fördert.

Hierzu gibt es inzwischen unter dem Motto »Wo Gefahr ist, naht sich das Rettende auch« (Hölderlin) eine Reihe wesentlicher Impulse, gerade auch aus den Reihen der Wissenschaftler. Es sei an die Wiederentdeckung der Archetypen durch C.G. Jung erinnert, an das Werk des Religionshistorikers Mircea Eliade, an die Wiederentdeckung der mythologischen Phänomene, so z.B. durch den Indologen Heinrich Zimmer, zudem an den Sinologen Richard Wilhelm — um nur einige Namen zu nennen.

Und nicht zuletzt sei an den Aufbruch in religiöse, ja sogar metaphysische Erfahrungen seitens der bedeutendsten Naturwissenschaftler erinnert. Sir James Jeans, der große Astrophysiker, bekannte: »Das Weltall sieht allmählich mehr wie ein großer Gedanke als wie eine große Maschine aus.« Der Physiker Pascual Jordan bekannte: »Das Geheimnis bleibt!« Wernher von Braun, der Raketenkonstrukteur, schrieb: »Nur ein erneuerter Glaube an Gott kann die Wandlungen herbeiführen, die unsere Welt vor der Katastrophe retten können. Wissenschaft und Religion sind dabei Geschwister und nicht Gegensätze.«

So kann man erkennen, wie in allen nur denkbaren Bereichen der Weg zur Wiederbelebung der in der Transzendenz wurzelnden Tradition auch im Westen wieder mit unaufhaltsamer Intensität und wegweisend beschritten wird!

Es gibt kein Patentrezept für eine multireligiöse Gesellschaft, unablässig müssen Lösungen für die in allen Bereichen auftauchenden Schwierigkeiten, vor allem auch praktischer Natur, gefunden werden. Das alles erfordert ein waches, lebendiges Herz, sowohl von den Verantwortlichen in leitender Position, als auch von jedem einzelnen, der Tür an Tür mit Anhängern anderer Religionen lebt.

In langer Tradition bewährte Vorbilder für multireligiöse Gemeinschaften haben wir bei den Hindus, den Buddhisten und den Taoisten beziehungsweise Konfuzianern. Sie würden nie einen Andersgläubigen verunglimpfen, schmähen, herabsetzen. In nicht wenigen Fällen haben sie gemeinsame Heiligtümer, zu denen sie in Scharen pilgern. Innerhalb ihrer Gemeinschaften sind alle Stufen und Formen und Grade der religiösen Erkenntnisse und Bekenntnisse möglich, von der schlichten Volksfrömmigkeit bis zu den Höhenflügen der Mystiker. Keine Dogmen diskriminieren Andersgläubige, keine Glaubenszwänge hemmen die freie Entfaltung des Gläubigen auf dem Wege zu dem Einen Herrn.

Daß aber auch im asiatischen Raum einst wie heute um Toleranz gerungen werden mußte, läßt sich unschwer an der Geschichte bis in die jüngste Zeit ablesen, vor allem wenn es sich um Einbrüche durch die monotheistischen Religionen in ihren Bereich handelt.

Auch ein alter buddhistischer Vers spricht vom Streit um Lehrmeinungen:

»Stets streiten sich Brahmanen und Asketen,
die diese, jene Lehrmeinung vertreten,
sie bleiben unbeirrt auf einem Standpunkt stehn,
weil sie nur einen Teil der Wahrheit sehn.« (*17*, S. 168)

Dazu noch eine Anrufung Buddhas:

»Herr, zeige uns das Grundgesetz der Wahrheit,
erhaben über Meinungsstreit, voll Klarheit,
das uns den Weg ins eigne Innre weist
zum Ichheit-freien, wesenhaften Geist.« (*17*, S. 171)

Und in einem Vedanta-Text heißt es:

»Verschiedenheit und Einheit — beide Wege lehren
die heil'gen Schriften, die seit alters stehn in Ehren.
Ein jeder muß für sich das Wahre selber finden.
Dann mag er's — frei von Streit — auch anderen
verkünden.« (*17*, S. 250)

Die Tiefe jeder Religion ist universal, jedoch die gelebte Realität hat unverwechselbare Eigenarten und Verschiedenheiten, dem Volk und der Zeit entsprechend, für die diese Religion von ihrem Stifter offenbart wurde — und hat zudem noch ganz individuelle Züge im Herzen jedes einzelnen Gläubigen.

Das bedeutet für jeden einzelnen, jetzt und hier, in aller Stille, ohne Fanfaren und Lärmen wirklich den inneren Weg des Wahrheitssuchers zu gehen und in aller Stille die Lehre von der Toleranz, von Güte und Duldsamkeit, die Lehre von der Liebe als lebendiger, schöpferischer Kraft immer mehr zu verwirklichen und in einem meditativen Leben alle in uns angelegten guten Kräfte zu entwickeln und einzusetzen.

Es bedeutet für jeden einzelnen das Ersteigen der Jakobsleiter. Dieser Weg wird auch als Bergbesteigung beschrieben. In allen Religionen kennt man den Heiligen Berg, den kosmischen Berg. Da ist der Meru, der Berg Tabor, der Sinai und andere mehr.

Das ist der Weg zur Verwirklichung der Harmonie, die mehr ist als »versöhnte Verschiedenheit«, und der — vorbildend — von allen Priestern beschritten werden sollte — denn eben das ist Priestertum.

So also stellt man die Frage nach einer Harmonie der Religionen, nach Einheit und Gemeinsamkeiten. Aber sollte man sein Augenmerk nicht auch oder vielleicht sogar als erstes auf die Verschiedenheiten und Unterschiede lenken?

Das ist sicher bis zu einem gewissen Grade notwendig und hat in mancherlei Beziehung durchaus seinen Wert. Da ist einmal der alltägliche Umgang mit den Geschwistern aus den anderen Konfessionen. Wir sollten ihre Eigenarten besser kennen lernen, einzig mit dem Ziel, sie besser zu respektieren, besser auf sie einzugehen, bessere Möglichkeiten zu finden, die Andersgläubigen in die eigene Gesellschaft zu integrieren, ohne daß dabei ihre Eigenart zerstört wird.

Und da ist zum andern die vergleichende Religionsbetrachtung, die heute, auch auf verschiedensten Ebenen der Einsicht und Kenntnisse, vom Wissenschaftler, Priester und Laien geübt wird. Dabei kann man beobachten, daß die Unterschiede häufig nicht zwecks Verständigung, sondern zwecks Abgrenzung und Abwertung herausgestellt werden, zumal religiöse Bräuche und Einstellungen von unterschiedlichem Niveau nebeneinander gesehen werden, wodurch man sehr schnell dazu kommen kann, den Andersgläubigen abschätzig, ja verwerfend zu beurteilen. So wie man keineswegs von jedem Christen erfahren kann, was tatsächlich Christentum ist, so weiß auch der Ahmed von nebenan nicht zu sagen, was dies oder jenes in seiner Religion bedeutet.

So ist beim Vergleich der Religionen zu beachten, daß man nicht eine Sitte schlichter Volksreligion abwertend neben hohe Erfahrungen einer anderen Religion stellt. Zum Beispiel haben Rosenkranz, Gebetsmühle, Amulette, Weihwasser und manches andere in ihrem Bereich eine tiefe und unverzichtbare Bedeutung, und es wäre eine Verarmung, wollte man sie als Äußerlichkeiten abtun, wenn man meint, selber auf diese Symbole verzichten zu können und selber keine Erfahrung mit der Wirkkraft von Symbolen hat.

Im Orient erzählt man gerne Geschichten, und so gibt es im Hinduismus ungezählte gleichnishafte Beispiele, in denen es um die Religionen geht. Sri Ramakrishna erzählt:

»Die Menschen mögen ihre Länder durch Meßruten und Grenzlinien aufteilen, niemand aber kann so den allumfassenden Himmel über uns teilen. Der Eine Himmel umgibt und umschließt alles. Der Unerleuchtete behauptet in seiner Unwissenheit, daß seine Religion die einzig wahre und damit die beste wäre. Wird aber sein Herz durch echte Erkenntnis erleuchtet, dann begreift er, daß über all diesem Kämpfen von Sekten und Bekenntnissen die eine Absolute Sein-Erkenntnis-Seligkeit (Sat-Chit-Ananda) ruht.« (*50*)

Der Angelpunkt, aus dem die Verschiedenheiten der Religionen betrachtet werden, sollte also stets im tiefsten Kern der Religion liegen, in dem alle und alles eine Einheit und in der Einheit ist. Dieser Kern ist die mystische Erfahrung der Einheit.

Dieser Kern ist die Ur-Tradition der Menschheit, die gemeinsame Wurzel. Man kann es der Sonne vergleichen, von der die verschiedenen Strahlen als verschiedene Erkenntnisse und Bekenntnisse ausgehen. Die Erfahrung dieser geistigen Sonne oder doch die Sehnsucht danach schenkt die Fähigkeit zum toleranten Miteinander auf den höheren Stufen der Entwicklung. Aber auf allen, auch den untersten Stufen der Entwicklung kann das Miteinander angestrebt werden — in Hinwendung zu dem Einen, zumal wenn es in Demut und Ehrfurcht von den »Oberen« der Religionen vorgelebt wird. Diese Erfahrungen sind von wunderbarer, erneuernder, schöpferischer, reinigender Strahlkraft.

Der Mensch ist sowohl eine Individualität als auch ein Gemeinschaftswesen. Jeder steht als einzelner allein vor seinem Gott — mit seiner Hingabe oder seiner Verweigerung, mit seiner Entscheidung; aber er ist auch unausweichlich hineinverwoben in die Gemeinschaft der Menschheit, ja des ganzen Kosmos. Er ist eine Zelle im unvorstellbar gewaltigen Organismus des Kosmos und hat da seinen Platz und seine ureigenste Aufgabe. Er singt sein eigenes Lebenslied, aber er hat auch seinen Part im Chor alles Lebendigen, ja alles Daseienden zu singen. Das gilt es zu leben.

»Wir bilden eine Einheit, die auf allen Ebenen ein Zusammengehörigkeits- und Abhängigkeitsverhältnis darstellt.« M.R.F. von Scholtz

Und wenn man aus dieser Sicht die Frage stellt:

Welches ist die wahre Religion? — möchte man antworten:

Die Religion umfangender und alles erfüllender Liebe, Güte und Toleranz. Der Mystiker sagt: Die Gottesgeburt im Herzen! Und dies lehren alle Religionen, soweit sie noch in der lebendigen Ur-Tradition stehen.

»Es gibt nur Eine Religion,
den unentwegten Fortschritt
in der rechten Richtung,
dem Ideal entgegen,
durch das der Lebenszweck
einer jeden Seele erfüllt wird.«
»Jede Seele kann des Segens teilhaftig werden,
denn eine jede Seele ist Gottes,
welches auch ihr Glaube oder ihr Bekenntnis sei.«

Hazrat Inayat Khan (*28*)

Allen Religionen liegt die Eine Wahrheit zugrunde. Wie findet man sie? Durch die Praxis des religiösen Lebens. Was ist das? Glaube und Vertrauen, Gebet und Meditation — in welcher Religion auch immer.

»Man erreicht das allen gemeinsame Eine, indem man sich in das eigene innerste Eine zurückzieht — in das Göttliche, in dem und mit dem man auf das Innigste vereint ist, mit den Dingen und Menschen nah und fern.« M.R.F. von Scholtz (*53*)

Zu diesem Einen, dem Einen Gott, bekennt der Hindu sich in vielen herrlichen Hymnen, so auch in der folgenden aus den Upanischaden, im Geiste universaler, für die ganze Menschheit gültiger Anbetung:

»Herr bist Du über alle Götter,
Und alle Welten ruhn in Dir . . .
In Dir allein ist Friede.
Du, einziger Hüter des Weltalls,

Du, Herr alles Seins,
Im Herzen Deiner Geschöpfe
Verbirgst Du Dich.
Götter und Seher werden eins mit Dir.
Die Dich kennen, sterben nicht.
Aller Religionen Urquell bist Du.
... Du alleine bist ... Du,
das unvergängliche, anbetungswürdige Licht.« (*58*, S. 194)

Jeder möge seine Eigenart bewahren, die geheiligte Tradition seiner eigenen Religion, in lebendiger Entwicklung, in dankbarer und liebevoller und achtungsvoller, brüderlicher Mitmenschlichkeit. Das ist der Weg zu einer Universalen Ökumene, verwirklicht im Herzen jedes einzelnen, gelebt in der großen Völkergemeinschaft.

In einem Gleichniswort aus dem Zen-Buddhismus heißt es:

»Ein- und derselbe Mond spiegelt sich
In allen Wassern.
Alle Monde im Wasser
Sind eins mit dem einen, einzigen Mond.« (*41*, S. 379)

Und Zarathustra betet:

»Alle Wege, wenn sie nur gut sind,
führen zu Gott.
Gehe jeder den seinen!
Gebe Gott ihm Kraft und Beharren!
So gib auch mir
Ein Leben in Deinem Geiste,
In niemals versagender Demut!«

Avesta Y. 43, 1 (*19*, Heft 13)

In der ältesten Menschheitsbibel, der dreitausend Jahre alten Rigveda, heißt es: »Es gibt nur Ein Göttliches Sein; aber die Seher sprechen es auf mannigfache Weise aus.«

Toleranz

Sri Ramakrishna erzählt: Ein Frosch lebte schon lange Zeit in einem Brunnen; er war darin geboren und aufgewachsen. Es war ein winzig kleiner Frosch. Eines Tages fiel ein anderer Frosch in den Brunnen, der bisher in einem See gelebt hatte. Der Brunnenfrosch fragte den Neuankömmling: »Woher bist du?« Der Neue antwortete: »Aus dem See.« Der Brunnenfrosch fragte: »Wie groß ist der See?« »Sehr groß«, war die Antwort. Der kleine Brunnenfrosch reckte seine Beinchen aus: »Etwa so groß?« »Viel größer«, sagte der Seefrosch. Da sprang der Brunnenfrosch von einer Seite des Brunnens zur anderen und fragte: »Etwa ebenso groß wie mein Brunnen?« »Freund«, sagte der Seefrosch, »wie kannst du dein Brunnenloch mit dem See vergleichen!« Jetzt aber war der kleine Brunnenfrosch sich seiner Sache sicher! »Nein!« rief er, »es gibt nichts größeres als meinen Brunnen; es kann gar nichts größeres geben. Dieser Bursche lügt; er muß hinausgeworfen werden!« So sitzt der Engstirnige im eigenen kleinen Brunnenloch und meint, die ganze Welt könne nicht größer sein. (*50*)

Intoleranz und Fanatismus verschließen das Tor zum geistigen Pfad, zu Gott.

Wie befreit man sich von der eigenen Intoleranz, von der eigenen Neigung zu Fanatismus, zur Besserwisserei, zum Übereifer, zur Überheblichkeit, zum

Unverstand . . .?

»Wenn der Mensch seine eigene Religion richtig begriffe, wie duldsam würde er dann, wie würde jede Mißgunst gegenüber der Religion anderer Menschen von ihm abfallen!« Hazrat Inayat Khan

Man befreit sich also von Intoleranz und Fanatismus, indem man seine eigene Religion tief im Herzen immer inniger lebt.

»Toleranz ist ein Weiten des Herzens.«

M.R.F. von Scholtz

»Barmherzigkeit ist ein Weiten des Herzens.«

Hazrat Inayat Khan

Toleranz und Barmherzigkeit kommen in dem uralten, klassischen Wunsch zum Ausdruck:

»Wir wünschen allen Wesen Wohl!«

Was für ein weiter Weg, bis man das von Herzen und aufrichtig wünschen kann! Ohne Ausnahme sollten wir jeden Menschen als unseren »Bruder Mensch« anschauen. Er ist es!

Allerdings bedeutet das nicht, sich mit jedem zu »verbrüdern«, mit jedem gemeinsame Sache zu machen. Denn auch der »Räuberhauptmann« ist zwar unser Bruder Mensch, zu dem man hindenkt: »Wir wünschen allen Wesen Wohl!« — aber man macht sich nicht mit ihm gemein, das heißt, man hat nicht teil an seiner Gesinnung und Lebensweise, läßt sich nicht von ihm in seine »Unterwelt« hinabziehen, für die er sich zur Zeit offensichtlich entschieden hat oder in die er abgestürzt ist. Toleranz bedeutet nicht, Ungutes anzuerkennen, etwa als »notwendigen Schatten« zu akzeptieren. Schatten ist stets Mangel an Licht, und alle Meister lehren uns das grundlegende Gesetz, daß man sich nicht vom Schatten befreien kann, indem man ihn annimmt oder anstarrt, sondern indem man ihn durch Aktivierung der Lichtkraft auflöst.

Toleranz bedeutet auch nicht, zu gewissen negativen Kulten und Schadenzauber Ja zu sagen. Das sind Dinge, von denen man sich eindeutig distanzieren muß, um ihnen nicht zu verfallen. Alle Religionen kennen Versuchungsgeschichten, denn alle Menschen — auch die Meister! — werden Versuchungen ausgesetzt. Es sind Gelegenheiten zur Selbstprüfung und Bewährung und damit Ansporn auf dem Stufenweg der Entwicklung.

Die Versuchungen sind oft schwer zu erkennen, haben sie doch ihren eigenen Reiz und spielen ihre eigenen Verführungskünste gegen uns aus. Sie sind also auch Chancen zum Wacher- und Bewußterwerden. Und wenn man sich in diesem oder jenem Fall nicht ganz klar darüber ist, was vorliegt, so ist es besser, sich zunächst ganz zurückzuhalten und es im Gebet Gott anheim zu geben, um nicht doch in unheilvolle Dinge hineinzugeraten, aus denen eine Befreiung meist sehr schwer ist.

Ein alter Spruch lautet: »Wo eine Kirche gebaut wird, errichtet der Teufel gleich nebenan eine Kapelle.« So ist es, und das gilt nicht nur für die christliche Religion.

Es gibt einen untrüglichen Seismographen, um den rechten Weg erkennen zu können, um zu unterscheiden, was das Gute ist: das reine Herz! Nur das reine Herz kann wahrhaftig erkennen und unterscheiden. Aber wer wird sich anmaßen zu behaupten, er habe ein reines Herz . . . Was für eine Hilfe ist daher das Gebot: »Richtet nicht!«, das wir auch in irgendeiner

Form in allen Religionen finden. Gott allein ist der Erkenner. Und Er ist Richter und Verzeiher unserer Unvollkommenheit — das ist ein tiefer Trost.

Man kann nichts anderes und nichts besseres tun, als sich bemühen, gut zu sein, sich mit edel denkenden Menschen zu verbrüdern, um das Gute zu stärken und ihm zum Sieg zu verhelfen — auch um des Bruders willen, der sich zur Zeit in den tiefsten Niederungen abquält. Der Lichtstrahl eines guten Wunsches erreicht stets sein Ziel!

»Konzentrieren wir uns auf das Erwünschte, auch in unseren Mitmenschen, denn man fördert stets das, wohin man seine Herzkraft gibt. — Möge jedenfalls ein kleines Licht der Güte und Hilfsbereitschaft, der Schonung und des Verstehens in immer mehr Herzen aufleuchten, auf daß die Erkenntnis wachse und es hell und heller werde. — Es gehört zur Toleranz, nichts von anderen zu erwarten oder gar zu fordern, jedoch sich selbst unablässig das Bestmögliche abzuverlangen. — Zur Toleranz gehört es, die Unvollkommenheit in sich und den Mitmenschen, ja in allen Erscheinungen, auch dann willig zu ertragen, wenn man das darin Werdende, Wachsende und Reifende noch nicht erkennt und versteht — das bedeutet aber keineswegs ein Gutheißen der Unvollkommenheit.«

M.R.F. von Scholtz

»Das vollkommene Leben besteht darin, dem eigenen Ideal nachzustreben, nicht aber die Ideale der anderen herunterzureißen. Laß einen jeden seinem eigenen Ideal folgen.« Hazrat Inayat Khan

Bei dem Bemühen um ein Miteinander geht es auch immer wieder um das Gebot, die Gläubigen nicht zu verstören. Vorsicht mit sogenannter »Aufklärung«!

Folgende Geschichte erzählt man sich über Moses aus jener Zeit, als er noch nicht der große Moses war: Auf einer seiner Wanderungen begab es sich, daß er ungewollt Zeuge wurde, wie ein Hirtenknabe anbetend mit seinem Gott sprach: »O Du mein lieber Gott, wie wünschte ich mir, daß Du mich besuchst! Ich würde Dir in meiner Hütte ein weiches Lager aus Laub bereiten! Ich brächte Dir die Milch von meiner weißen Ziege und deckte Dich zu mit einem wunderschönen Fell . . .« »O du törichter Knabe!« rief Moses, »bilde dir doch ja nicht ein, Gott würde auf dein kindisches Gerede hören! Gott ist abstrakt und absolut, weit oberhalb unseres kleinen Menschenverstandes.«

Der Hirte brach in Tränen aus und war verzweifelt.

In der Nacht hörte Moses die Stimme des Herrn, der zu ihm sagte: »O Moses, Moses, du hast mir mein liebstes Kind verstört!«

Ein erster wichtiger Schritt zur Toleranz ist der, keine bestehende Kirche zu kritisieren oder abfällig über sie zu sprechen. Man kann sie in keinem Fall wirklich beurteilen.

Jede Kirche, jeder Tempel, jede Religionsgemeinschaft ist eine Institution, also eine Einrichtung in dieser Welt, um die Religion, zu der man sich bekennt, auszuüben. Sie ist also eine sichtbare Form für das unsichtbare Wesenhafte der Religion. So ist da zum Beispiel im Christentum die unsichtbare, universale Kirche des Heiligen Geistes, deren Haupttempel — auch noch unsichtbar — das menschliche Herz ist, und die dann in den unzähligen christlichen Kirchen respektive Sekten zur sichtbaren Kirche wird, gebaut von unzählbaren Händen, Menschenhänden, die sich ihren Auftrag nicht immer im Tempel des Herzens erteilen lassen, sonst wären sie alle in Ko- und Proexistenz liebevoll und einträchtig miteinander verbunden. Aber das ist vor allem auch eine Frage der individuellen Entwicklung, und eben dazu will die Kirche — die unsichtbare und die sichtbare — ja verhelfen.

Keine bestehende Kirche — welcher Religion auch immer — kritisieren . . . Dazu ein alter Indianerspruch: »Du kennst deinen Mitmenschen nicht, ehe du nicht zwei Monate in seinen Mokassins gegangen bist!« Allerdings ist es in Bezug auf die Religion keineswegs anzuraten, in den Mokassins des anderen zu gehen. Toleranz besteht nicht darin, Formen und Gebräuche anderer zu übernehmen. Alle Formen sind nur ein mehr oder weniger klarer Spiegel des Wesens, das Wesen aller Religionen aber ist Eines:

Verwirklichung des Guten!

Der Hindu sagt: Nicht-Schädigen (Ahimsa)!

Darin sollten wir wetteifern,ohne zu eifern.

Toleranz ist auch nicht etwa Gleichgültigkeit. Die heute so weit verbreitete Gleichgültigkeit gegenüber der eigenen und anderen Religionen ist nichts anderes als seelische Verödung.

Auch Gleichgültigkeit verschließt das Tor zum Inneren Pfad, und damit zur Menschwerdung.

Und seien wir tolerant mit der Intoleranz!

Wir alle sind nicht Wissende, sondern Werdende.

Friedrich Rückert schrieb in seiner »Weisheit des Brahmanen«*:

* Siehe Inge von Wedemeyer, »Friedrich Rückert«.

»Die Wesen unter sich sind stets in Widerstreit;
Das Leben, eins in Gott, ist außer Ihm entzweit.
In Gott sind wir geeint, und außer Ihm geschieden;
Ohn' Ihn ist ew'ger Krieg, und durch Ihn
ew'ger Frieden.«

Dialog der Religionen

Dialog, das ist die Unterredung, das Wechselgespräch, die Zwiesprache. Der Dialog hat seine ungeschriebenen Gesetze; er setzt bei den Partnern bestimmte Qualitäten voraus, andernfalls wird er zur Diskussion oder zum Monologisieren.

Diskutieren bedeutet nicht einfach nur »erörtern«, sondern wörtlich »zerteilen«, ja »auseinanderschlagen, auseinanderschneiden«. Eine Diskussion kann die Qualität einer fruchtbaren, neue Einsichten vermittelnden Analyse haben. Die Diskussion kann ein Horizonte öffnender Meinungsaustausch sein, oder aber er kann zum Streitgespräch entarten, geprägt von unversöhnlicher Selbstgerechtigkeit.

Der Monolog ist geeignet für die Lehrrede, für die dozierende Unterweisung, kann aber auch der Besserwisserei entspringen, wozu dann das Wort von Herder paßt: »Der Monologe haßt den Dialogen.«

Wie sieht der echte, der ideale Dialog aus? Er ist ein dynamisch sich entfaltendes Hören und Sprechen.

Der echte Dialog setzt die Bereitschaft voraus, den anderen zu verstehen.

Der echte Dialog will nicht überreden, geschweige denn verführen oder überrumpeln.

Heinrich von Kleist spricht in seinem berühmten Essay »von der langsamen Verfertigung der Gedanken beim Sprechen.« Das ist dialogisch gedacht.

Der Dialoge ist bereit zu lernen, sich zu ändern, zu wachsen, zu reifen — auch wenn während des Dialogs eine Erneuerung oder Wandlung nur erst samenhaft angelegt wird.

Der Dialoge »weiß, daß er nichts weiß« — d.h., er hat jenes Grundwissen, daß wir alle nur erst unterwegs sind zur Wahrheit. Unser tiefstes Wesen ist das Licht der Wahrheit. Aber wer kennte sein tiefstes Wesen?

Religion ist das inständige Mühen, in diese Tiefe hineinzureifen, diese Tiefe und Höhe, aus der wir leben und sind.

Nur die erhabenen Meister »haben« die Wahrheit — indem sie die Wahrheit sind. Wir alle aber — auch wenn wir ihnen noch so demütig zu Füßen sitzen — sind erst unterwegs zur Wahrheit. Und eben nur, weil wir ihnen demütig zu Füßen sitzen, sind wir tatsächlich unterwegs zur Wahrheit. Das weiß der Dialoge, der Diskutierer weiß es im allgemeinen nicht.

Martin Luther sagte:

»Wir sind's noch nicht, wir werden's aber.
Es ist noch nicht getan und geschehen,
es ist aber in Schwang.
Es ist nicht das Ende, es ist aber der Weg.«

Es ist der Weg des Religare, wie ihn seit Adams Zeiten alle Menschen in aller Welt mit wechselnder Intensität und Hingabe suchen.

Die Wahrheit ist ein Gottesname, und Karl Jaspers bekannte:

»Niemand hat die Wahrheit, wir alle suchen sie.«

Diese Demut und Bescheidenheit ist die Voraussetzung für einen echten Dialog und bewahrt vor Entgleisungen und Entzweiungen.

Der Dialoge ist zwar im allgemeinen überzeugt von dem, was er als recht erkannt hat, von dem, was er glaubt. Zugleich aber weiß das redliche Herz, daß all unser Denken und Meinen doch vorläufig ist. Wie Rückert sagte:

»Ich denk' es so, du so; und wie es jeder dachte,
So ist's für ihn; an sich, wie's ist,
weiß Gott, der's machte.«

Zweifellos gibt es unerschütterliche Grundgewißheiten, so wie sie von allen Weisheitslehrern der Menschheit als Botschaft überbracht wurden — auch wenn wir sie nur stufenweise erkennen. Und diese Weisheitslehrer sind es auch, die uns den Weg zu diesen Gewißheiten, zu dieser Geborgenheit in dem Einen, weisen.

Eine dieser Grundgewißheiten leuchtet in folgendem apokryphen Wort Jesu auf:

»Allen Menschen ist es gegeben, an das Licht zu glauben!«

Wer mit dieser Gewißheit in den Dialog hineingeht, wird vielleicht doch die Brüderlichkeit in seinem Herzen gefestigt haben, die in die Lage versetzt, ein heilsames, hilfreiches Gespräch zu führen.

In so einem Dialog geht es nicht darum, Einstimmigkeit zu erreichen, geht es nicht darum, den Dialogpartner zu besiegen, sondern einzustimmen in den Chor der Wahrheitssucher, die gemeinsam unterwegs sind zu dem Einen Ziel. So ein Dialog ist kein Wettkampf, sondern Begegnung.

Auch im Bereich des Christentums sind heute nicht wenige redliche Kämpen unterwegs zu einer dialogischen Theologie, die nicht mehr scheinbar »unverzichtbare und unwiderlegliche, dogmatische Behauptungen« durchsetzen will, sondern — weit oberhalb intellektueller Gedankenakrobatik und Fixierung — bereit ist zum Dialogisieren auf der Suche nach einer aus der Tiefe her neu zu erkennenden und zu formulierenden Christologie.

Allerdings steht diese Entwicklung noch im Anfang, und man kann die Angehörigen anderer Religionen verstehen, wenn sie die Dialog-Bereitschaft der Christen häufig als einen neuen »raffinierten Versuch zur Bekehrung«, als eine neue Strategie der Proselytenmacherei betrachten. Wie schnell entartet der Dialog mit einem Andersgläubigen zu einem, wenn vielleicht auch gut gemeinten, unerbittlichen Versuch, ihm seine Glaubensfundamente zu zerstören !

Es ist der Absolutheitsanspruch — in welcher Religion oder Weltanschauung er auch vorgetragen wird —, der letztlich dialogunfähig macht. Vielmehr ruft er die Fundamentalisten, welcher Couleur auch immer, auf den Plan, die nun ihre Eigenständigkeit leidenschaftlich vertreten. So steht dann häufig Intoleranz gegen Intoleranz; Übereifer, Fanatismus, ja Feindschaft und Haß haben Hochkonjunktur. Dabei sind es andererseits gerade die Fundamentalisten, die in der Rückbesinnung auf die eigene Religion und Kultur zu einer wesentlichen Erneuerung in den eigenen Reihen führen können.

Desto wichtiger das besonnene Bemühen der Dialogen in den verschiedenen Religionen! Der echte Dialog läßt den anderen achtungsvoll gelten. Sein Anderssein ist und bleibt — auch nach dem Dialog — ein Ansporn, oder wie man heute gerne sagt, »eine Herausforderung«, die davor bewahrt, zu ermatten und zu erlahmen auf dem steinigen Pfad, den die Menschheit zu gehen hat — bergan, immer bergan.

Durch den echten Dialog erweitert und vertieft sich das Verstehen nicht nur des anderen, sondern auch des eigenen Gesichtsfeldes. Man klammert sich nicht an einen starren Standpunkt, sondern lebt in einer Welt mit weit offenen Horizonten.

Es gibt nicht wenige Menschen, die gar kein Interesse an einem interreligiösen Dialog haben, sowohl unter den Hoch- als auch unter den Wenig-Entwickelten. Ihr Aufgabenbereich und ihre Weise zu wirken liegt vielleicht ganz woanders, und auch das ist nicht neugierig zu »hinterfragen«, sondern zu respektieren.

Je tiefer man in die Chancen und Aufgaben des interreligiösen Dialogs, Möglichkeiten und Grenzen, Verantwortung und charakterliche Voraussetzungen hineinlotet, desto deutlicher wird, daß der entscheidende, Frieden stiftende, Menschenbruderschaft verwirklichende Dialog von jenen geistigen Persönlichkeiten geführt werden muß, die bis in die mystische Dimension hinein die Einheit und die Vielheit erfahren und bis zu einem gewissen Grade sogar verwirklicht haben.

Von diesen geistigen Persönlichkeiten, Religionsführern und wahren Priestern wird dann sowohl in der von ihnen ausgehenden Gedankenkraft als auch durch die von ihnen angeregten und getroffenen praktischen

Entscheidungen das begründet, was auch dem schlichten Gläubigen neue Impulse schenkt.

Einem solchen Dialog liegt das Wissen oder sogar die Erfahrung der »Einheit im Geiste« zugrunde, und diese wurzelt — wenn sie echt und lebbar sein soll — im Herzen. Zudem wurzelt sie im Wissen um die »Kosmische Solidarität«, wie man es gerne nennt, d.h. in der gemeinsamen Verantwortung, besser gesagt Mitverantwortung für das Schicksal der Erde; eine Verantwortung, die jeder einzelne an dem Platz, an den das Schicksal ihn gestellt hat, aus der Kraft seines Herzens und Wissens mitträgt — oder aber er verweigert sich diesem Mittragen, sei es durch Gleichgültigkeit oder sogar Negativismen.

In unserer häufig einseitig an demokratischen Vorstellungen orientierten Zeit denkt man gerne an eine »Erneuerung von unten«. Man übersieht die Signale in der gesamten Menschheitsgeschichte, in der es die Weisheitslehrer waren, die stets das Neue gebracht haben, die antworten auf den »Notschrei der Menschheit«, als Botschafter des Einen, des Namenlosen »Ich bin«.

Jeder einzelne hat an seinem eigenen kleinen oder weiteren Platz seinen Beitrag zur Erneuerung zu leisten, indem er sein Herz dem Göttlichen öffnet, auf daß es gereinigt und gestärkt wird. Zugleich aber auch, indem er sich den großen Gottliebenden dankbar und demütig zuwendet, die seit Menschengedenken Wegweiser für jeden von uns sind, auf welcher Stufe der Entwicklung man auch stehen mag. Sie sind die »Tore« zum »Himmelreich«, so wie ja auch Jesus von sich gesagt hat: »Ich bin die Tür«.

Man möchte nur wünschen, vor Schaumschlägern — sei es außerhalb oder innerhalb der etablierten Konfessionen — bewahrt zu bleiben. Und auch dabei hilft es wieder, sich um Reinheit des Herzens zu bemühen, denn allein das reine Herz ist fähig zu untrüglicher Unterscheidungsschau.

Die Tatsache, daß es eitle und sogar böswillige, häufig sehr raffinierte Verführer gibt, hat schon manchen daran gehindert, sich überhaupt einer Führung anzuvertrauen. »Wir gleichen führerlosen Blinden . . .« Zwar hat jeder Mensch das göttliche Licht der Führung in seinem eigenen Herzen, aber dieses Herz ist meist so verschüttet und verkrustet, daß der Wahrheitssucher nicht allein in die Tiefe durchzudringen vermag, sondern in den pseudookkulten Nebelwolken der Oberfläche hängen bleibt — heute ein häufiges Phänomen.

Der Mensch ist homo religiosus, das heißt, er hat sich seit Anbeginn seines Daseins die Frage nach den letzten Dingen gestellt, die Fragen, die sein Sinnen und Sehnen über diese irdische Existenz hinausführen. Seit Anbeginn ist er zugleich irdischer Mensch und himmlisches Wesen.

Der Mensch kann nicht ohne Religion leben, d.h. er kann nicht ohne sein himmlisches Urwesen leben, zu dem ihn das Heimweh treibt, er kann nicht leben ohne den Gott, aus dem er kam und zu dem er seine Heimkehr hat.

Man kann diesen himmlischen Menschen in sich verleugnen, verachten, bekämpfen, aber der irdische Mensch wird dabei früher oder später — Gottlob — unterliegen, d.h. der Heimweg zum letztgültigen Ziel wird sich so oder so ereignen.

Und dieser Heimweg ist zugleich der Weg zum Frieden — mit Gott, mit sich selber, mit der Welt. Und darum ist die Verwirklichung dieses Friedens das Anliegen aller großen Religionen. Und darum sind sie es, die unausweichlich die Aufgabe haben, zu diesem Frieden zu führen.

Und darum ist in der heutigen Situation der Menschheit der »religiöse Dialog . . . das einzige Feld, auf dem sich das historische Schicksal der Menschheit auf friedliche Weise abspielen kann. Er ist eine Lebensnotwendigkeit . . ., ohne einen solchen Dialog der Religionen geht die Welt zugrunde . . .«

Raimon Panikkar (5)

Das sind sehr ernste Worte in einer sehr ernsten Zeit, in der wir uns und unsere Welt an den existentiellen Abgrund manövriert haben. So sollte jeder sehr bewußt all die seelisch-geistigen, ja religiösen Qualitäten in sich entwickeln, durch die er fähig wird zu einem echten, d.h. heilsamen, hilfreichen Dialog.

Eine der für den Dialog notwendigen Qualitäten ist die Güte des Herzens, um den anderen nicht zu verwunden, um ihm nicht »zu nahe zu treten«. Es gibt gewisse psychologistische Methoden des diskutierenden Dialogs — obgleich das ein Widerspruch in sich selbst ist — in dem man den anderen »demaskieren« will, bloßstellen, entlarven, seine angeblichen Heimlichkeiten samt irgendwelchen negativen Beweggründen aufdecken. Damit erreicht man nichts anderes, als daß sich neue, andere Masken — Schutzmasken! — über das scheinbar demaskierte Antlitz legen. Man hat den Gesprächspartner mit dieser Methode nicht erkannt, sondern entstellt und erniedrigt.

Die Wahrheit verwundet nie! Haben wir verwundet, so haben wir der Wahrheit nicht die Ehre gegeben. Die tiefste Wahrheit des Mitmenschen ist sein Herz, und das erreichen wir nur mit der Kraft des eigenen Herzens. Die tiefste Wahrheit des Mitmenschen ist seine Gotteskindschaft, d.h. sein Gutsein — unter welchen Verkrustungen und Schutthaufen es auch verborgen sein mag.

So erfordert ein guter Dialog eine Kultur des Herzens. Dialogbereitschaft und Dialogfähigkeit sind also Ausdruck für die Kultiviertheit eines Menschen — kein Wunder, daß der Dialog nicht immer so gelingt, wie er gelingen sollte.

Man spricht heute viel von der Integration Andersgläubiger in unsere westliche Gesellschaft. Man meint damit im allgemeinen ein Zusammenwachsen, eine Verschmelzung. Bedeutet das nicht die Selbstaufgabe? Die Aufgabe der Eigenart in allen Bereichen des Lebens, der Religion, der Erziehung und vielem mehr? Man muß verstehen, wenn das nicht nur von fundamentalistischen Kreisen abgelehnt wird. Denn was bedeutet so eine Integration?

Die Integration in eine religionslose Wohlstands- beziehungsweise Profit-Gesellschaft, die dabei ist, sich durch Inwelt- und Umweltverschmutzung in den Abgrund zu katapultieren!

So ist die Lage — so wäre die Lage, wenn nicht bei uns, gleich einem Hilferuf — »Aus tiefer Not schrei ich zu Dir« —, in vielen, sehr vielen Menschen mit der ganzen Kraft des Herzens der Weg zu einer Erneuerung von innen her beschritten würde, auch in den Kirchen.

»Religion ist ein Weg, der zu gehen, kein dogmatisches System, das zu behaupten ist . . . Es ist der Weg des unbedingten Vertrauens in eine höhere Weisheit.« (Michael von Brück) — und diesen Weg schlagen wir ein, und auf diesem Wege werden wir dialogfähig.

Da wird der Dialog in seiner dynamischen Lebendigkeit zu einem schöpferischen Miteinander — unterwegs zu neuen, noch unbekannten Ufern, aber in tiefstem Vertrauen zu dem, der alle Ufer, alle Flüsse, alle Ozeane, alle Himmel trägt.

Dann wird der interreligiöse Dialog zum »Familiengespräch«, in dem sich die unterschiedlichsten Kinder Gottes begegnen; sie alle hingewandt zu dem Einen Gemeinsamen in der Überwelt des Schweigens, in der Transzendenz.

Der interreligiöse Dialog sollte unter dem Motto stehen:

»Gemeinsam vor Gott!«

Meinungen trennen, gemeinsames Tun verbindet, sagte Goethe einst — mit etwas anderen Worten — zu Eckermann. So kann — wertvoller als der Wortdialog, das dialogische Tun sein — eine gemeinsame Mahlzeit, eine gemeinsame Arbeit, Zusammenarbeit auf den verschiedensten Gebieten, und vor allem die gemeinsame Andacht. Die Grundhaltung sei: »Lieber Bruder, was kann ich für Dich tun?« Zu all dem gehört viel Taktgefühl. Mit einem Wort: Alle Formen des Dialogs sind Erzieher zu wahrer Menschlichkeit und damit Mitmenschlichkeit.

Gemeinsam vor Gott! In Gott vereint! Dazu schrieb Friedrich Rückert:

»Wie von der Sonne geh'n viele Strahlen erdenwärts,
So geht von Gott ein Strahl in jedes Dinges Herz.
An diesem Strahle hängt das Ding mit Gott zusammen,
Und jedes fühlet sich dadurch von Gott entstammen.
Von Ding zu Dinge geht seitwärts kein solcher Strahl,
Nur viel verworrene Streiflichter allzumal.
An diesen Lichtern kannst du nie das Ding erkennen,
Die dunkle Scheidewand wird stets von ihm dich trennen.
An deinem Strahl vielmehr mußt du zu Gott aufsteigen,
Und in das Ding hinab an seinem Strahl dich neigen.
Dann siehest du das Ding, wie's ist, nicht wie es scheint,
Wenn du es siehest mit dir selbst in Gott vereint.«

»Menschenrechte«

In interreligiösen Dialogen taucht immer wieder der Begriff der Menschenrechte auf. Darunter versteht man gewisse Basisrechte, sozusagen »ewige«, unveräußerliche Rechte des Menschen, auf Grund seiner über der Tierwelt stehenden Natur. Tier- und Pflanzenreich leben instinktiv ihrer Anlage und den Umständen entsprechend, eingeschwungen in die Gesetzmäßigkeiten der Natur. Der Mensch aber kann sich für bestimmte Verhaltensweisen frei entscheiden und damit aktiven, eingreifenden, individuellen Einfluß auf die Umstände nehmen. Das gibt dem Menschen die mitgestaltende Verantwortung für sich und die Umwelt. Die Menschenrechte sind also unausweichlich mit Menschenpflichten verbunden — kein Recht, dem nicht eine Pflicht entspräche.

In der Religion ist es der »Bund Gottes mit dem

Menschen«, der diese Rechte und Pflichten sozusagen regelt. Sie sind z.B. in den Zehn Geboten und in den Seligpreisungen niedergelegt. Der Begriff »Zehn Gebote« bedeutet richtig übersetzt: »Worte der Wegweisung«*, und sie beginnen nicht jeweils mit dem harten »Du sollst!«, sondern — richtig übersetzt heißt es: »Du wirst!« Da steht also keineswegs ein unerbittlicher Gebietergott dahinter, sondern der gütige Gott, der uns wohl will und demjenigen »das Paradies« verheißt, der den Bund, den Er mit uns geschlossen hat, nicht bricht. Das entspricht dem Geist der Seligpreisungen. Mit anderen Worten: Gottes »Gebote« sind Verheißungen der Seligkeit. Sie wollen das Bewußtsein dafür wecken, daß Gott dem Menschen die Erde anvertraut, geschenkt hat, um sie als Garten zu verwalten — zur Freude in Gott und mit Gott und durch Gott.

Als der Mensch sich in der Epoche der europäischen Aufklärung, die schon gegen Ende des 17. Jahrhunderts einsetzte, von der göttlichen Vernunft ab- und der irdischen Vernunft zuwandte, wurden aus diesem Geiste — im Sinne von »Freiheit, Gleichheit und Brüderlichkeit« — die weltlichen Grundrechte des Menschen formuliert und auch von vielen Ländern in die Verfassung übernommen.

Die »Vereinigten Nationen« (UN), die 1945 an Stelle des Völkerbundes trat und zu der schon in der Gründung 51 Staaten gehörten, nannte als ihre Hauptziele die Erhaltung des Friedens, den Schutz der Menschenrechte und der Grundfreiheiten des

* Siehe Inge von Wedemeyer, »Schicksal der Menschheit«.

Menschen. 1948 formulierte sie dann in der von ihr beschlossenen »Charta der Menschenrechte« Grundrechte, die aber natürlich nur den Charakter einer Empfehlung haben können, denn die UN ist keine »Weltregierung«, sondern lediglich eine lose Staatenverbindung mit humanitären Zielen zum Wohle aller. Zu diesen Grundrechten — um einige der wichtigsten zu zitieren — gehören: das Recht jedes Menschen ohne Unterschied der Rasse, Sprache, Religion, Herkunft und des Geschlechtes auf persönliche Freiheit und Sicherheit, auf Besitz, freie Meinungsäußerung, Religionsfreiheit, das Recht auf Arbeit und soziale Sicherheit.

Das sind auf dem Gebiet der Politik wichtige Schritte zu einer humanitären Selbstbesinnung auf dem Wege zu einer friedlichen Koexistenz aller Menschen dieses Erdenballes, und vielleicht sind es Schritte auf dem Wege zu einem Weltparlament, in dem freie Länder in freier Gemeinschaft dem gemeinsamen Ziel zustreben.

Sollte nun tatsächlich auf dem Kongreß in Chicago 1993 auch ein ständiges »Weltparlament der Religionen« seiner Verwirklichung näher kommen, so könnte eine brüderliche Begegnung mit den »Vereinten Nationen« zu einer Sternstunde der Menschheit zum Frieden werden, eingedenk der Worte von Malraux: »Das 21. Jahrhundert wird ein religiöses sein oder es findet nicht statt.«

Und warum erscheint der Beitrag der Religionen zur Erfüllung des Weltfriedens unerläßlich? Aufgabe der Politik ist es, die »Gesamtheit der Bürger« in allen Belangen des Lebens als eine Gemeinschaft zu führen, im Geist der Grundlagen und Grundbedingungen der menschlichen Existenz.

Diese Grundlagen sind aber sowohl eine Frage des irdischen als auch des metaphysischen Aspektes der Existenz, der letztere aber ist Angelegenheit der Religion.

Klammert man in der Politik die Religion aus, z.B. indem man sie auf ethisches Verhalten zu reduzieren versucht, so bleibt vom Menschen — wie sich in der Geschichte unseres Jahrhunderts gezeigt hat — nur ein Torso übrig. Daher ist auch der UN nicht von ungefähr am Schutze der Religion gelegen, zeigt sich doch, daß sie der umgreifende Aspekt ist.

Der religionsfreie Mensch wird im allgemeinen bald in Zweck- und Profitdenken abgleiten, in ein Denken, das sich nur an der Erde orientiert statt an jener übergeordneten absoluten Instanz, die wir Gott nennen.

Zur Frage der »Menschenrechte« sind wohl vor allem zwei Dinge durchzudenken:

1. Es kann in der Welt keine Gerechtigkeit und keine Sicherheit nach irdischen Maßstäben und Wünschen geben.

2. Rechte und Pflichten bilden eine Einheit.

Im unendlichen Gewebe des Daseins sind jedem Menschen um seiner Entwicklung willen Leid und Leiden, Aufgaben, Freude und Verantwortung zugeteilt, die kein Menschengeist gegeneinander »aufrechnen« kann, sodaß man fordern könnte, dies oder jenes habe man verdient und dies und jenes stehe einem zu. Der religiöse Mensch sieht das Leben als den Weg von der Unvollkommenheit zur Vollkommenheit, und er weiß, daß Gott alles zum Guten führen wird — wenn nicht in diesem Leben, dann in einem nächsten oder »drüben«. In diesem tiefen Vertrauen in Gott, der ihm wohl will, der sein Bestes, sein Heil, seine Seligkeit will, erfüllt er seine Pflichten, trägt, was zu tragen ist und freut sich an allem, was ihm Gutes zuteil wird. Und er ist dankbar für alles. Diese Einstellung schenkt ihm Kraft und Sicherheit, Heiterkeit und Zuversicht.

Der säkulare Mensch aber fordert von der Gesellschaft seine Menschenrechte, fordert Wohlergehen und Sicherheiten, die kein Mensch ihm garantieren kann. Das macht ihn aufsässig, unzufrieden, läßt ihn resignieren und verbittern.

Es gibt keine irdische Gerechtigkeit, kann sie nicht geben, weil das universale Gesamtkarma, in das jeder Mensch eingewoben ist, sich nicht allein in dieser, sondern in allen sichtbaren und unsichtbaren Welten abspielt. Man kann den Menschen nicht auf sich selbst und auf seine Existenz hier auf der Erde reduzieren.

Auch ist die »Gleichheit«, ja selbst die »Chancengleichheit« der Menschen eine Utopie. Kein Blatt gleicht dem anderen, keine Blüte der anderen, kein Stein dem anderen, und erst recht gleicht kein Mensch dem anderen. Jeder hat ganz spezifisch seine Aufgabe und seine Möglichkeiten, auch wenn es natürlich Gemeinsamkeiten, »Grundrechte«, Grundmöglichkeiten gibt, die jeden Menschen charakterisieren.

Zu den Grundgegebenheiten gehört der Unterschied zwischen Mann und Frau. Sie sind grundverschieden und einander polar zugeordnet, wobei sich in ihrem Miteinander und Füreinander — jedem seiner spezifischen Eigenart gemäß — die schöpferische Entfaltung des Lebens auf allen Gebieten ereignet.

Das wird nun langsam wieder deutlich erkannt, nachdem die Frau sich im Zuge einer emanzipatorischen Befreiung sehr schwer drückende neue Unfreiheiten aufgeladen hat, die nur in Besinnung auf die hohen Qualitäten ihres wahren Frauentums abgeworfen werden können. Und da zudem die religiöse Veranlagung der Frau meist tiefer ist als die des Mannes, wird sie es auch sein, die zur Erneuerung des Religiösen und zur Harmonie der Religionen von innen her und in aller Stille Entscheidendes beizutragen hat.

Noch ein Wort zur irdischen Gerechtigkeit und irdischen Sicherheit. Irdische Instanzen geben Scheinsicherheiten, sie sind trügerisch — und verführen zum Betrug, indem nur allzu häufig und geläufig versucht wird, die gesetzten Ordnungen zu umgehen — denn es merkt ja keiner, weil man den »abgeschafft« hat, der allwissend und allsehend ist.

Es gibt keine Sicherheit in dieser Welt! Hierfür steht das Wort Jesu: »In der Welt habt ihr Angst . . .«; wer dennoch versucht, sich allein auf diese Welt zu verlassen, wird sich immer wieder getäuscht und enttäuscht sehen, und das steigert sich heute bei so manchem bis zu schweren Angstneurosen.

Jesus sagte: »In der Welt habt ihr Angst«, und dann weiter: »Ich aber habe die Welt überwunden!« Das ist das Stichwort des religiösen Menschen, d.h. des »ganzheitlichen Menschen«, der sich nicht nur auf seine irdische Existenz zu reduzieren versucht.

»Die Welt überwinden« bedeutet zu lernen, alle Unsicherheiten dieser Welt zu ertragen, indem man seine Wurzel und seinen Schwerpunkt in Gott erkennt und erfährt. In Ihm, in dem allein absolute Sicherheit und Geborgenheit ist!

Der Pfad der Religion ist also nicht irgendein dogmatisches System, sondern der Schulungsweg, auf dem man zur metaphysischen Realität seines Menschseins, ganz schlicht gesagt, zum unerschütterlichen Vertrauen in Gott heranreift.

Zweifellos ist in dieser Welt eine gewisse Dogmatisierung, d.h. eine Definition der Lehre richtig und notwendig — sofern sie durchlässig bleibt für die umgreifende metaphysische Erfahrung.

Und nun der andere Punkt, der zu bedenken ist: Rechte und Pflichten sind in einer Einheit ineinander verwoben, jedem Recht entspricht eine Pflicht. Was bedeutet das?

Ein Blick auf die klassische Tradition: Nach Johann Gottlieb Fichte, dem großen Philosophen des deutschen Idealismus, ist die ganze Welt das »Material unserer Pflichterfüllung«. Danach ist alles Chance und Aufgabe. Fichte sieht das einzig mögliche »Glaubensbekenntnis« darin, »fröhlich und unbefangen« zu vollbringen, was jeweils die Pflicht gebietet, »ohne Zweifeln und Klügeln über die Folgen.« Was für eine wahnwitzige Forderung für einen in psychologistischem Anspruchsdenken geschulten Menschen unserer Tage!

Bedenkenswert, daß Fichte in diesem Zusammenhang von »Glaubensbekenntnis« spricht. In der Überlieferung werden Glauben und Pflicht immer wieder zusammen genannt. So sagte Friedrich der Große:

»Mein höchster Gott ist meine Pflicht.« Ein altes Dichterwort sagt: »Der beste Gottesdienst ist die Pflichterfüllung.« Ist das nicht peinliche Rückkehr in preußische Zackigkeit?

Ein Rechtsgelehrter formulierte: »Unser Recht ist ein Recht auf die Möglichkeit der Pflichterfüllung, ein Recht, unsere Pflicht zu tun — und deshalb ist es umgekehrt Pflicht, unser Recht zu wahren.« Die Pflicht als Menschenrecht!

Tatsächlich gehört ja die Fähigkeit zur freiwilligen Pflichterfüllung zu den Gaben, die den Menschen vom Tier unterscheiden.

Mit ganz schlichten Worten: Der Mensch hat die angenehme Pflicht, seinem eigenen Heil und Glück nicht im Wege zu stehen!

Es gibt keine Sicherheit in dieser Welt — Aber wenn es hier auf Erden überhaupt etwas gibt, was ein gewisses Gefühl der Sicherheit schenkt, so ist es die Erfüllung der Pflicht. Wenn man sich »pflichtschuldig« einfügt in die Ordnung des Lebens, wenn man nicht aufbegehrt gegen die Aufgaben, wenn man sich nicht wehrt gegen Notwendiges, sondern gerne mitschwingt im Gefüge des Lebens, wenn man »nicht wider den Stachel löckt« — dann trägt man nicht nur selber zu den Ordnungen bei, sondern man wird auch getragen von den Ordnungen, von der Gemeinschaft. Man schützt und wird geschützt im allgemeinen, dynamischen Miteinander. Wer seine Pflichten treu erfüllt, hat meist ein gutes Gewissen, und auch das schenkt Ruhe und Gleichmut, während ein schlechtes Gewissen, wie der Volksmund so treffend sagt, kein »sanftes Ruhekissen« ist.

Das Gewissen ist eine sehr feine Instanz in unserem Innern. Man kann versuchen, es zu betrügen und zu verdrängen, man kann versuchen, es zu unterdrücken, aber unausweichlich macht es sich doch bemerkbar, und sei es, daß es sich durch körperliche oder/und seelische Leiden Luft schafft.

Pflicht und Gewissen gehören zusammen, nicht von ungefähr hat man das Gewissen als die Stimme Gottes im Herzen bezeichnet.

Diese Stimme will uns aber auch warnen, wenn wir uns »Ordnungen« und Verhältnissen einfügen, die wir lieber meiden sollten. Niemand bleibt es erspart, hier mit wachem Verantwortungsgefühl und demütigem Herzen immer wieder zu entscheiden, was zu tun und was zu lassen ist.

Man muß fähig sein zum »heiligen Nein-Sagen«, wenn die Verführung im biederen Gewand der Pflicht auf einen zukommt.

Es gibt keine Sicherheit in dieser Welt — Wer aber mit seinen Rechten und Pflichten bemüht ist, in »Harmonie mit dem Unendlichen« zu stehen, gewinnt eine unerschütterliche Sicherheit — auch über den Tod hinaus.

Eine materialistische, negative Psychologie will dazu treiben, daß man auf seine Rechte pocht, um ja nicht zu kurz zu kommen im Wettrennen um das Glück in dieser Welt. Dabei aber ist man naturgemäß in Gefahr, Pflicht und Verantwortung zu versäumen; das heißt, die seelisch-geistigen, die »edlen« Qualitäten, das ethische Verhalten kommen nicht zur Entfaltung, ja verkümmern sogar. Das ist die Lage, in die wir heute gekommen sind, und deren Folge der erschreckende Zustand auf dieser Erde ist. Inwelt-Versagen bewirkt Umwelt-Versagen, Inwelt-Verderben Umwelt-Verderben, Inwelt-Verschmutzung Umweltverschmutzung — und zwar inzwischen in einem solchen Ausmaß, daß wir in den Abgrund hineinzutaumeln scheinen.

Shivacharya Shivamurti schrieb: »Die größte Tragödie unserer Zeit ist die, daß es dem Menschen gelungen ist, das Atom zu spalten, bevor er die Weisheit erlangte, die Menschheit zu vereinen. Unglücklicherweise haben die Menschen die tödliche Waffe in ihre Hände bekommen, ohne daß sie die edlen Qualitäten wahrer Menschlichkeit in ihrem Herzen ausgebildet hätten.« (5)

Jetzt geht es also um unseres Überlebens willen darum, die Koexistenz der Menschen mit allem Ernst und unter der Entwicklung der »edlen Qualitäten wahrer Menschlichkeit« zu verwirklichen.

Je redlicher wir auf diesem Wege unsere Pflicht als Gotteskinder und als Mensch unter Menschen zu erfüllen bemüht sind, desto selbstverständlicher ergibt sich daraus auch die Erfüllung der Verheißungen, also unserer »Rechte«. Aber bis dahin ist der Weg noch weit, noch stehen Selbstsucht und Liberalisierungswahn im Wege und wird der Verzicht auf diese Untugenden nur allzu häufig als Dummheit bezeichnet.

Aber diese Art negativer Psychologie läuft sich langsam tot und werden heute wieder andere, heilvolle Wege beschritten. Gerade auch die tiefenpsychologischen Aspekte, die so manchen in die Irre geführt haben, werden von führenden Persönlichkeiten wieder aus der Sicht der großen klassischen esoterischen Psychologie gesehen, neben der das, was sich bei uns im allgemeinen als »Esoterik« ausgibt, nur eine fatale Karikatur ist. Man wird also wieder fähig, die geistige Psychologie der Meister des Lichtes anzunehmen — weit oberhalb der materialistischen Theorien etwa eines Sigmund Freud. So sind z.B. Viktor E. Frankl und Nossrat Peseschkian Meilensteine auf dem neuen Weg, außerdem alle diejenigen, die — unabhängig von den akademischen Pfaden der Psychologie — tatsächlich auf dem Inneren Pfade sind.

Im Ringen um seine Pflichten und Rechte steht der Mensch unablässig auf dem Prüfstand.

Das indische Wort für Religion ist »Dharma«, es bedeutet »Pflicht«! Hierzu Goethes berühmtes Glaubensbekenntnis, es lautet:

»Ich glaube, daß wir einen Funken jenes ewigen Lichts in uns tragen, das im Grunde des Seins leuchten muß und welches unsere schwachen Sinne nur von ferne ahnen können. Diesen Funken in uns zur Flamme werden zu lassen und das Göttliche in uns zu verwirklichen, ist unsere höchste Pflicht.«

Auf dem Pfad zum Herzen des Universums

Wir alle sind nicht Wissende, sondern Werdende.

Liebe bringt die Wandlung.

»Die Glaubensspaltung ist in letzter religiöser Schau weniger eine Spaltung des Glaubens als eine Spaltung der Liebe.« Gertrud von le Fort

»Wer im Intellekt befangen ist, vergißt leicht, nach echter Weisheit zu streben, die nur die geistige Entwicklung und die alles durchdringende Liebe schenken kann.« M.R.F. v. Scholtz

Der Weisheit letzter Schluß liegt in der mystischen Weltformel »Glaube, Liebe, Hoffnung«. Die Liebe ist es, die die Welt erschafft und »im Innersten zusammenhält«.

Glaube, Liebe und Hoffnung führen zur Erkenntnis.

Gottesliebe und Gotteserkenntnis gehören zusammen.

Erkenntnis ohne Liebe ist intellektuelles Meinen.

Liebe ohne Erkenntnis ist Schwärmerei.

Als der selige Johannes, der Evangelist, bis zum höchsten Greisenalter in Ephesus mit der Gemeinde lebte und nur noch mit Mühe auf den Händen seiner Jünger in die Kirche getragen werden konnte, auch nicht mehr viele Worte zu sprechen vermochte, pflegte er bei den Zusammenkünften nichts anderes vorzubringen als dies:

»Kindlein, liebet euch untereinander!«

Gelangweilt, daß sie immer dasselbe zu hören bekamen, sagten schließlich die Jünger und Brüder: »Meister, warum sagst du immer nur dies?« Und er gab eine des Johannes würdige Antwort: »Weil es das Gebot des Herrn ist, und wenn dies allein geschieht, ist es genug.« (Hieronymus, Kommentar z. Brief an die Galater 3, 6)

»Wer nicht liebt, kennt Gott nicht«, heißt es bei Johannes 4, 8.

Wenn man fragt, ob es eine Münze gibt, die bei allen Menschen, bei allen Völkern rings um die Erde Gültigkeit hat, so lautet die Antwort: Es ist die uneigennützige Liebe.

Die uneigennützige Liebe liegt der großen Einheit zugrunde, sie ist die »beständige, ewige Wahrheit in allen Welten und auf allen Ebenen gleichermaßen.«

M.R.F. v. Scholtz

»Weisheit ist Liebe, und Liebe ist wahre Weisheit. Der kaltherzige Mensch ist nie weise, und der wahrhaft warmherzige nie töricht, denn Liebe entstammt der Weisheit und Weisheit der Liebe.« Hazrat Inayat Khan

Das ist wahre, universale Theosophie, seit Menschengedenken. Das Wort »Theosophie« wird meistens als Wissen von Gott oder Gottesweisheit übersetzt. »Sophia« aber hängt mit dem Wort »Sufi« zusammen, und bedeutet Weisheit und Liebe. Theosophie bedeutet also Gottesliebe und Gottesweisheit.

Nur mit dem Herzen können wir den Pfad zum Herzen das Universums suchen und finden.

Dabei hat jeder Mensch seinen eigenen, ureigenen Weg — im Rahmen der Welt, der Religion, der Gemeinschaft, der Aufgabe, in die er hineingeboren ist.

Jeder einzelne ist ein bei seinem Namen gerufenes Kind Gottes. Jeder einzelne findet Erfüllung letztlich nur in der Heimkehr zu Dem, der ihn beim Namen gerufen hat und unablässig ruft: Adam, wo bist du?

Die Hinwendung zu Gott reinigt, stärkt, entwikkelt, erneuert. Aus der Hinwendung zu Gott ereignet sich die gütige, gültige Hinwendung zum Nächsten, das tolerante, verstehende, helfende Erbarmen.

Das größte Geheimnis auf dem Pfade aber ist ein Gnadengeschenk, es ist das Mysterium der Erwekkung, von der Jacob Böhme sagte: »Wen's trifft, den trifft es . . .«

»Auf das Ziel richte dich ein!«

Die Begründer der Weltreligionen, die Gottgesandten »Einweiher« der Menschheit, brachten einen Impuls und eine Botschaft, kraft derer Herz, Gemüt, Geist und Wollen der dafür bereiten Menschen angeregt wurden und werden, um zu wahrem Menschentum und »der Seele Seligkeit« zu führen. Diese erhabenen Meister bilden gleichsam einen brüderlichen Chor, der seit Urzeiten erklingt und in dem Aufruf gipfelt:

»Richte all dein Sinnen und Trachten auf Gott, auf das Göttliche!«

Damit wird eine innere Grundhaltung des Menschen angesprochen, die ihm letztlich eingeboren und natürlich ist, die er aber im Welttrubel nur allzu leicht vergißt, sodaß er immer wieder den »heiligen Weckruf« der Meister benötigt.

So lehrt Jesus Christus: »Trachtet am ersten nach dem Reich Gottes und Seiner Gerechtigkeit!«

Damit ist aber nicht eine Absage an die Welt und unsere Aufgabe in der Welt gemeint, und darum heißt es: »In der Welt leben, aber nicht von dieser Welt sein!«

Auch Gott Krishna lehrt in der Bhagavad Gita:

»Laß dein Gemüt auf Mich gerichtet sein!«

Bei Buddha heißt es im Dhammapadam:

»Wer sich nach dem Unnennbaren,
Im Innersten ergriffen, sehnt,
Erstorben aller Willensgier,
Der heißt ein ›Aufwärtstrebender‹!«

Auch Zarathustra ruft der Gemeinde zu:

»Zum Himmel strebe auf!«

Und im 121. Psalm des Alten Testaments heißt es:
»Ich hebe meine Augen auf zu den Bergen,
von welchen mir Hilfe kommt.
Meine Hilfe kommt von dem Herrn,
der Himmel und Erde gemacht hat.«

Der Koran beginnt ebenfalls mit der Hinwendung zu Allah:

»Im Namen Allahs, des Erbarmers, des Barmherzigen!«

Indem der Moslem diese heilige Formel in allen Lebenslagen unzählige Male am Tag wiederholt, wird sie zum Kanon des gesamten Lebens.

Und in eben diesen gewaltigen Chor der Meister des Lichts stimmen alle Weisheitslehrer der Menschheit ein, denn sie alle haben erfahren, daß allein diese Grundhaltung des ganzen Wesens, im Bemühen um Reinheit und im geistigen »Aufatmen«, zu der Liebe und Weisheit führt, in der die Entwicklung zur wahren Menschwerdung gipfelt.

So schrieb der römische Kaiser Marc Aurel in seinen wunderbaren Meditationen: »Auf das Ziel richte dich ein!«

In der christlichen Liturgie heißt es: »Erhebet eure Herzen!«

Man kann ungezählte Beispiele aus allen großen Kulturen anführen. So schrieb der große arabische Arzt und Mystiker Averroes: »Das Weltall verhält sich wie eine Stadt edler Bürger. Wenn dieselben auch viele leitende Autoritäten besitzen, so bilden diese doch eine kontinuierliche Kette, die hinführt zu einer einzigen, obersten Leitung, und erstreben ein einziges Ziel!«

Das ganze Weltall, ja jeder Baum, der sich zum Himmel reckt, jede Blüte, die sich öffnet zum Licht, gibt hierzu das Vorbild, und die tiefste Seelenregung des Menschen möchte nichts anderes, als eben dieses einzige und letztgültige Ziel anstreben. Es ist in unser Herz gelegt; und es ist uns anvertraut, sich freiwillig dafür zu entscheiden.

Thomas à Kempis stimmt ebenfalls ein in den Chor, wenn er schreibt: »Torheit über Torheit! Alles ist Torheit außer Gott lieben und Ihm allein dienen. Das ist die höchste Weisheit — die Welt verschmähen und nach dem Himmel (im Herzen!) zu streben.«

Hier muß aber betont werden, daß »Die-Welt-Verschmähen« nicht bedeutet, die Welt zu verachten, wie es auf den Irrfahrten des Menschen oft ausgelegt wurde. Vielmehr ist die Welt uns als Bewährungsfeld gegeben, als Aufgabe, mit der uns eine hohe Verantwortung anvertraut wurde. Jeder einzelne muß sich mühen, seine Aufgabe in diesem Weltenplan zu erkennen. Auf jeden Fall gehört es zur Aufgabe, nicht der Welt zu verfallen. Wir dürfen die Dinge dieser Welt auch durchaus besitzen — soweit sie rechtmäßig erworben wurden, aber wir dürfen nicht von ihnen besessen sein.

Noch eine Stimme im Chor der Weisheitslehrer: der schwedische Seher Emanuel Swedenborg. Er schreibt:

»Alles Innere des Menschen kann nur im Himmel gebildet werden, das Äußere aber formt sich in der Welt . . . Das einzige Mittel, dieses Innere auszubilden, besteht darin, daß der Mensch seinen Blick auf das Göttliche und den Himmel richtet.«

Man kann den Menschen einem Haus mit sieben Stockwerken vergleichen. Im allgemeinen allerdings lebt er in unserem Zeitalter allenfalls im dritten Stock; es ist die Sphäre der Gemüts- und Gedankenkräfte, das Manipura-Chakra, wie es die Hindus nennen; das Nebelland, wie die Buddhisten sagen. Es ist die Ebene der Täuschungen. Die Christen nannten es einst »die Wolke des Nichtwissens«.

Der Mensch unserer Tage ist also meist nur in den unteren Stockwerken heimisch, während er die oberen gar nicht kennt. Um jedoch wahrer Mensch zu werden, sollte man das ganze Haus kennen, das der Herrgott uns für unsere Erdenreise anvertraut hat. Man sehnt sich wohl auch danach, und es gibt Zeiten, in denen man sich sogar inständig sehnt, denn das Gemüt ist einer aufwärtssteigenden Flamme vergleichbar. Aber es gibt auch immer wieder Zeiten, in denen diese Flamme unter dem Schutt vergänglicher Wünsche und Erfüllungen nur noch matt und glanzlos schwelt.

Swedenborg schreibt weiter, daß das Innere nur ausgebildet werden kann, wenn man an das Göttliche und an den Himmel »glaubt, und es für die Quelle alles Wahren und Guten, mithin aller Einsicht und Weisheit hält.«

Auch dieser Glaube ist dem Menschen eingeboren; es ist sein tiefster Lebenstrieb, und dieser Glaube erweist sich hell und klar, wenn der Mensch – wiederum nach Swedenborg – »sich von Ihm führen lassen will.« Das heißt, wenn man den eigenen, starren, uneinsichtigen Willen dem Willen Gottes hingibt, denn Er will ja nichts anderes als unseres Herzens und unserer Seele Seligkeit.

Der Mensch als ein Haus mit sieben Stockwerken — jedes Stockwerk ein Bewußtseinszentrum; die Inder nennen es die Chakras. Der »Lift«, mit dem man in diesem Hause aufwärts steigen kann, sind die Gottesliebe und der Atem, die dank der innewohnenden Sehnsucht und der richtig geübten Meditation entwickelt werden. So erweist sich der »Weg nach innen« als der »Weg nach oben«.

Man kann den Menschen auch einem Kirchturm vergleichen; die Fensterrose entspricht dem Herzen. Das lichtvolle Fensterrund gleicht der Sonne in ihrem Aufgang. Ebenso gleicht das zur Gottesliebe erwachende Herz einem Sonnenaufgang. Es sehnt sich aufwärts, strebt aufwärts, steigt aufwärts — dorthin, wo »die Glocken hängen«, der himmlische Chor erschallt, und wo darüber hinaus, auf der Spitze des Kirchturms, über das Irdische und alles Faßliche hinausweisend, das goldene Lichtkreuz leuchtet — Sinnbild für das erhabene Ziel in Gott.

Auch Pythagoras lehrte: »Laß dich von oben her leiten!«

Aber wie macht man das? Im Christentum antwortet darauf die Bitte im Vaterunser: »Dein Wille geschehe!« Für den Moslem ist die Antwort schon im Worte »Islam« enthalten, bedeutet es doch sowohl Frieden als auch Hingabe, also: Frieden durch Hingabe an Gott! Teresa von Avila sagt es kurz und bündig: »Nur Gott allein genügt!«

So viele Hinweise, so viel Hilfe! Und doch fragt man immer wieder: Wie macht man das? Wie kann es gelingen? Wie erkennt man, welches der richtige Weg ist? Wie bleibt man bewahrt vor Einflüsterungen aus der Ebene der Täuschungen?

Das beste Mittel gegen ungute Einflüsse – von außen wie auch aus dem eigenen Inneren – ist das redliche Bemühen um ein reines Herz, das heißt um lautere Gesinnung und Lebensführung, um Reinheit im Denken, Sprechen und Handeln. Solange noch etwas von dem im Gemüt herumgeistert, was Buddha »Willensgier« nennt, ist man in Gefahr, sowohl in der äußeren als auch in der inneren, in der sichtbaren und in der unsichtbaren Welt, hinters Licht geführt zu werden.

Mit innigem und immer reinerem Willen und der »Herzensentschließung«, wie es die Buddhisten nennen, wendet man sich Ihm zu und bittet Ihn, daß Er uns reinigt und stärkt, führt und bewahrt.

Hierzu noch einmal die Worte des Heiligen Augustinus: »Unser Herz findet keine Ruhe, ehe es nicht Ruhe findet in Dir!« Das ist das Ziel!

Hazrat Inayat Khan betet: »Gieße über uns Deine Liebe und Dein Licht!« Mit diesem Basiswort der klassischen Meditation kann es immer besser gelingen, sich über den Scheitel hinaus zu konzentrieren – oberhalb der Niederungen unerwünschter Einflüsse. So wie es im Neuen Testament heißt: »Alle gute und vollkommene Gabe kommt von oben herab, von dem Vater des Lichts, bei welchem keine Veränderung noch Wechsel des Lichts und der Finsternis.« (Jak. 1, 7)

»Wer nach dem Licht von oben verlangt,
dem leuchtet bei jedem Schritt ein Licht,
das ihn warnt und behütet,
je nach seinem Verlangen nach Führung.« Hazrat Inayat Khan

Dann werden die göttlichen Kräfte durch das gereinigte Herz in die Welt hineinströmen, gleich »Strömen lebendigen Wassers«, wie es im Neuen Testament heißt.

Aber wie oft ist man auf dem Pfad doch immer wieder einmal entmutigt, wenn man mit dem »Lift« statt aufwärts abwärts gefahren ist, oder auch nur bequem und gedankenlos in den unteren Stockwerken verharrte oder herumbummelt oder auch nur zerstreut, halbherzig und zerfahren das Ziel fast aus den Augen verliert.

Aber selbst wenn man sich von ganzem Herzen auf das Ziel einrichtet, ist man nicht doch himmelweit davon entfernt? In Goethes »Faust« sagt Gottvater zu Mephisto über den Faust: »Wenn er Mir jetzt auch nur verworren dient, so werde bald Ich ihn in die Klarheit führen.« Was für ein tröstliches Wort! Wir dienen alle mehr oder minder verworren, unvollkommen — Die Hauptsache aber ist, daß wir tatsächlich dienen! Dann wird es auch früher oder später aufwärts gehen!

Als unvollkommene Menschen, als Wanderer und Werdende auf dem Heimweg zu Gott, hilft Goethe noch mit einem anderen sehr tröstlichen und zu Recht berühmten Wort: »Wer immer strebend sich bemüht, den können Wir erlösen.«

Und hierzu noch einmal Swedenborg — stellvertretend für ungezählte andere Weisheitslehrer — darüber, wie das Innere durch den Glauben an Gott, an den Einen/das Eine aufgeschlossen und entfaltet wird: »Ein Mensch, der in solchem Glauben ein dementsprechendes Leben führt, hat auch die Fähigkeit und Kraft, einsichtsvoll und weise zu werden. Dazu muß er aber noch vieles lernen, und nicht nur Dinge, die den Himmel, sondern auch Dinge, die die Welt angehen . . .« Und weiter: »Falsch ist alle Einsicht und Weisheit, der die Anerkennung des Göttlichen fehlt.« Es ist eingebildete Menschenweisheit, von der es im Neuen Testament heißt: »Dieser Welt Weisheit ist Torheit vor Gott.«

Abschließend noch einmal Thomas à Kempis, um abermals zu betonen, wie wir den Weg finden können: »Wie das Eisen im Feuer den Rost verliert und ganz glühend wird, so wird auch der Mensch, der sich völlig zu Gott kehrt, von träger Starrheit gelöst und in einen neuen Menschen (reinen Herzens!) verwandelt.«

Bekenntnis der Religionen zur Einheit, zu Harmonie und Frieden

Philosophia perennis – Die Sonne der Ur-Wahrheit

Im Altertum gab es Verbindungswege rings um die Erde. Da lassen sich Beziehungen von China gen Osten zum amerikanischen Kontinent nachweisen und Beziehungen gen Westen bis zum Mittelmeer. Symbolisch hierfür könnte man die Seidenstraße nennen. Und stellvertretend für Sinn und Zweck dieses weltweiten Verbindungsnetzes könnte man die von dem römischen Historiker Strabo überlieferten Grundsätze der Königin der Karawanenstädte, Petra (*64*), zitieren: »Intensive Ausdehnung des Handels in einem allgemeinen Frieden unter Gleichstellung aller Völker und Religionen« – das jedenfalls war das Prinzip der Asiaten.

Aber die Verbindung erschöpfte sich keineswegs im Austausch von Wirtschaftsgütern, sondern es bestand und ereignete sich ein geistiges Einanderzugewandtsein, ein interkultureller und interreligiöser Austausch. Da wanderten die Märchen, die man sich in den Karawansereien erzählte, um die Erde, da hörte man von den heiligen Gesängen, denen man am Ufer des Ganges lauschen konnte, und da gab es eine Verbindung, in der die Mysterienstätten und ihre Weisheitslehrer untereinander standen, und die Religionen hatten ihre Pflanzstätten und Kolonien.

Beispielsweise weiß man von bedeutenden Griechen, die nach Ägypten und in die Länder des nahen und wohl auch des fernen Orients wanderten und in den großen Mysterienstätten Einweihungen empfingen. Es sei Pythagoras* erwähnt, von dem es heißt, er habe vermutlich auch von Zarathustra die Einweihung empfangen. Neuerdings hat man auf Grund der Qumramfunde offensichtlich Material, durch das man annimmt, auch Jesus habe sowohl in Ägypten als auch im fernen Orient die klassischen Mysterienstätten aufgesucht.

In der Antike hatte der Gebildete zweifellos ein waches Bewußtsein von der Philosophia perennis, der immerwährenden Philosophie, der Einen, gemeinsamen Grundlage und Quelle aller Philosophie, der letzten Tiefe aller Philosophie und Religion. Philosophia perennis bezieht sich auf jene fundamentale metaphysische Wahrheit, die keinen Anfang hat und in allen äußeren Formen, die sie annehmen mag, doch im Wesen dieselbe bleibt. Man nennt sie auch »sophia perennis«; es sind die dem menschlichen Geist eingeborenen Ur-Wahrheiten, verborgen in der Tiefe des Herzens, in der »reinen Vernunft«, und nur demjenigen zugänglich, der sich spirituellen und esoterischen Betrachtungen widmet. Zugang haben die wahrhaft Gottliebenden, »die Gnostiker, Pneumatiker oder Theosophen (im ursprünglichen Sinne)« (Nasr, *43*), eben Persönlichkeiten wie Pythagoras und Plato, Pindar, Seneca, um nur einige zu nennen.

In der Philosophia perennis geht es um die Wahrheit, die im Anfang war und hier und jetzt gegenwärtig ist und immer sein wird. Es ist die unvergängliche Wahrheit innerhalb jeder Tradition. Es ist die Ur-

* Siehe Inge von Wedemeyer, »Pythagoras«.

Religion, die von der letzten Wirklichkeit kommt und an den Ursprung als ihren tiefsten Kraftquell bindet; es ist die Ur-Religion, die den Menschen durch einen Botschafter, eine Offenbarung, jeweils in einer bestimmten Form geschenkt wird. Sie schenkt ihren unerschöpflichen Impuls aus der Überzeit in die Zeit hinein, um sie wieder mit dem Einen, Überzeitlichen zu einen, zu versöhnen.

Karl Jaspers nannte die Philosophia perennis das Gespräch der wenigen großen Philosophen über die Zeiten hinweg. Es ist ein Gespräch, ein Wissen und eine Kommunikation jenseits der Worte. Es wird auch als Ur-Tradition bezeichnet, in der schon Adam stand, als Gott ihn die Heiligen Namen lehrte.

Üblicherweise versteht man unter Tradition nur die Sitten und Gebräuche, Berichte und Geschichten, die zum festen Kanon einer Gemeinschaft gehören. Hier aber, in der Ur-Tradition, geht es um die tiefsten Hintergründe, geht es um die Ur-Erfahrung, man könnte sie auch als das Wesen der Universalen Kirche des Heiligen Geistes bezeichnen. Durch alle Weltzeitalter hindurch werden die Gläubigen aller Traditionen von der Sonne der Ur-Wahrheit erleuchtet; sie ist das Zentrum, um das sich alle Völker seit Menschengedenken scharen.

Seit es den Zwiespalt der Religionen gibt, seit das Kainsmal auf die Stirnen der Menschen geprägt wurde, gibt es auch die Sehnsucht nach der Heimkehr zur Einheit und Gemeinsamkeit, als Ausdruck der Sehnsucht nach der Einen Ur-Wahrheit.

Stets waren und sind Eiferer am Werk, die den Zwiespalt aufreißen und vertiefen. Und stets waren

Liebende, Gläubige am Werk, die zur Einheit führen wollten. Dabei hat aber offensichtlich auch der Eiferer seine gottgewollte Aufgabe, damit das Streben der Gläubigen nicht erlahmt, und vielleicht ist er ein Saulus, der schon morgen als ein Paulus vor dem Einen Herrn auf die Knie fällt.

Das Bemühen der Christen

Für den Christen liegt die wichtigste Aufgabe erst einmal darin, im »eigenen Haus« zu einem Miteinander zu finden. Noch ist die Zerrissenheit der christlichen Kirche nicht überwunden, noch ist es nicht gelungen, theologische Gegensätze aus einer umfassenderen Sicht und Erfahrung aufzulösen.

Noch können Christen der verschiedenen Kirchen und Sekten nicht gemeinsam zum Abendmahl gehen. Noch gibt es zur Geburtskapelle in Bethlehem zwei Eingänge: einen für die Katholiken, einen für Evangelische . . .

Noch hält die Massenflucht aus der Kirche an. Kirchenaustritte könnten ein Weckruf für die Kirchen und ihre Geistlichkeit sein — vielleicht sind sie das auch, wenngleich im allgemeinen kaum erst wahrnehmbar.

Viele fliehen aus dem »eigenen Haus«, dem Christentum, um in einer der anderen großen Religionen Zuflucht zu finden. Und nicht wenigen hat dieser Weg ganz neue, kostbare Impulse geschenkt. Die tiefe Religiosität, die man »in der Fremde« erlebt, hat eigene innere Kräfte und Einsichten geweckt, auf

Grund derer man auch die Tiefe der eigenen Religion endlich erkennen und leben kann — wenn auch meistens nicht in Form einer Rückkehr zur angestammten Kirche, von der ja die Wandlung und Erneuerung, die man selber erlebte, noch keineswegs vollzogen wurde.

Und doch! Auch innerhalb der Kirchen ist der geistige Aufbruch unverkennbar. Und wie eine Fanfare klingt das Wort des katholischen Theologen Karl Rahner: »Die Zeit für die Einheit der Kirchen ist da!«

Über dem Bemühen um eine christliche Ökumene sollten die Worte Jesu stehen:

»Dabei wird jedermann erkennen,
daß ihr meine Jünger seid,
so ihr Liebe untereinander habt.« Joh. 13, 25

Im allgemeinen kann die Öffnung des eigenen Herzens für die anderen Brüder in Christo auch zu einer Öffnung des Herzens für Andersgläubige werden, für die Menschenbruderschaft. Das erwachende Herz wird immer verstehender und toleranter. Allerdings sieht die »Toleranz« zunächst noch häufig so aus, daß man den anderen gönnerhaft gelten läßt, sicher in der Überzeugung, es selbstverständlich besser zu wissen; sicher in der Behauptung, wir Christen besäßen die Wahrheit, während die Andersgläubigen sie nur erst suchen.

Andererseits wird aber doch immer deutlicher, daß man die eigene Religion verfehlt, wenn man andere schmäht. Schmähen ist areligiös schlechthin.

Der evangelische Theologe und Religionsphilosoph Friedrich Heiler stellte an den Anfang seines Werkes über die Religionen der Menschheit das Wort:

»Die Menschheit stellt in ihrem Geistesleben eine große Einheit dar.«

Für das achtungsvolle und verstehende Ja zu den anderen großen Religionen, für den Geist einer Universalen Ökumene und das Bemühen um eine Harmonie der Religionen gibt es seit alter Zeit beredte Zeugnisse von bedeutenden Christen. Hierfür nun einige Beispiele:

Der große Mystiker Nikolaus von Cues (1401-1464), Bischof von Brixen und römischer Kardinal, sah in den verschiedenen Religionen nur verschiedene Ausdrucksweisen des ewigen Logos, weshalb es auch möglich sei, sie zu einem harmonischen Miteinander zu führen. Er regte an, in Jerusalem — dem Tor zwischen westlicher und östlicher Weisheit, dem Zentrum der christlichen, jüdischen und islamischen Religion — ein Religionsgespräch zu veranstalten, in dem die Einheit herausgestellt und Wege zu ihrer Verwirklichung beschritten werden sollten. Es ging um einen Weg zu einer Universalkirche, einer Universalreligion. Der Cusaner schrieb:

»Herr und König des Weltalls, . . . komme zu Hilfe, der Du allein helfen kannst. Dieser Wettstreit geht um Dich, den allein die Menschen unter der Hülle dessen verehren, was sie zu verehren scheinen. Denn niemand erstrebt in allem, was er zu erstreben scheint, etwas anderes als das Gute, das Du bist; noch sucht jemand in aller geistigen Erörterung etwas anderes als das Wahre, das Du bist. Was sucht der Lebende anderes als zu leben, was der Seiende anderes als zu sein? Du also, der Du der Spender des Seins und Lebens bist, Du bist es, der in den verschiedenen Religionen (ritibus) auf verschiedene Weise gesucht und mit verschiedenen Namen benannt wird, weil Du bleibst wie Du bist, allen unerkannt und allen unaussprechlich.« (*24*)

Es sei Sebastian Franck von Donauwörth (1499-1542) erwähnt. Er wurde von der lutherischen Orthodoxie verfolgt und entsagte deshalb dem Pfarrerberuf. Für ihn war nicht der Jesus der Geschichte, sondern der Christus in uns das innere Licht. Und das Wirken dieses innewohnenden Christus erkannte er in der ganzen Menschheit: »Aus diesem Licht und Grund haben geschrieben Plato und Plotin, Seneca, Hiob und alle erleuchteten Heiden . . . Die Kirche dieses inneren Christus reicht darum so weit wie die Menschheit . . . Ich halte für meinen Bruder, meinen Nächsten, mein Fleisch und Blut alle Menschen, die zu Christus gehören, in allen Sekten, in allen Glaubenslehren und Völkern, die über die ganze Welt verstreut sind.« (*24*)

Der Schweizer Reformator Ulrich Zwingli (1484-1531) bekannte: »Wir nehmen auch gern die Wahrheit an, die von den Heiden verkündet ist, da wir wissen, daß alle Wahrheit von Gott ist, durch wen immer sie auch geoffenbart sein mag.« Für Zwingli sind alle Heiden, die aus der Quelle der göttlichen Wahrheit geschöpft haben, »inspiriert«. Gott hat vor der Erschaffung der Welt in Christo auch Heiden »zur Gerechtigkeit und zum Leben auserwählt und ihnen den Glauben eingegossen, den sie in ihren Werken bewiesen haben.« (*24*, S. 712)

Auch Jacob Böhme (1575-1624), der protestantische Mystiker, der Schuster in Görlitz, der zu seiner

Zeit und später dann auch in der Romantik so großen Einfluß auf die Wahrheitssuchenden hatte, verfocht mit aller Entschiedenheit die Heilsmöglichkeit der Nichtchristen und schrieb:

»Es liegt nicht daran, ob du einen Christennamen habest, es stecket keine Seligkeit darin; ein Heide und Türke ist Gott so nahe als du unter Christi Namen. So du aber einen falschen, ungöttlichen Willen in die Tat führest, so bist du so wohl außer Gott ein Heide, der Gottes nicht begehrt und den nicht will; und so ein Türke Gott suchet und das mit Ernst, und ob er in der Blindheit wandelt, so ist er doch unter dem Kinderhaufen, welche unverständig sind, und erreichet Gott mit den Kindern, welche nicht wissen, was sie reden; denn es lieget am Willen und nicht am Wissen.« (*24*, S. 715)

Nathan Söderblom (1866-1931), schwedischer Lutherischer Erzbischof, schrieb: »Überall, wo religiöse Aufrichtigkeit ist, da ist ein bestimmtes Maß von Gottes Offenbarung.«

Und sein Landsmann, der große Naturforscher und Seher Emanuel Swedenborg (1688-1772) bekannte: »Von der göttlichen Vorsehung ist dafür gesorgt, daß jedes Volk eine Religion hat. Das Erste einer jeden Religion aber ist die Anerkennung, daß ein Gott ist; denn sonst würde sie nicht Religion heißen. Und jedes Volk, das nach seiner Religion lebt, d.h. das Böse darum nicht tut, weil es gegen seinen Gott ist, empfängt etwas Geistiges in seinem Natürlichen.«

Swedenborg vertrat lapidar die Ansicht: Alle haben das »Wort«. Und er, der große Seher, schrieb:

»Vielfältig bin ich belehrt worden, daß Heiden, die

ein gesittetes Leben führten und gehorsam waren, auch in tätiger Liebe untereinander lebten und ein ihrer Religion gemäßes Gewissen empfangen hatten, im anderen Leben willkommen sind und dort von Engeln mit großer Sorgfalt im Guten und Wahren des Glaubens unterrichtet werden. Bei diesem Unterricht betragen sie sich bescheiden, verständig und weise. Sie fassen leicht auf und eignen sich ihn an, haben sie sich doch keine falschen Grundsätze gegen die Glaubenswahrheiten gebildet, die (zuerst) zu zerstören wären, und noch weniger haben sie Ärgernisse gegen den Herrn verursacht, wie viele Christen, die ein Leben des Bösen führten. Zudem hegen sie keinen Haß gegen andere, rächen Beleidigungen nicht, schmieden keine Ränke und betrügen nicht, ja sie sind wohlwollend gegenüber den Christen, während sie umgekehrt von diesen verachtet und soviel als möglich geschädigt werden.«

Beim Aufbruch zu einer Harmonie der Religionen trug Wesentliches die vergleichende Religionswissenschaft bei. Einer ihrer Väter war Friedrich Max Müller (1823-1900), Sprachforscher und Sanskritist, Professor in Oxford. Er rückte das Christentum in das Licht der anderen großen Religionen, machte in einer umfangreichen Sammlung die heiligen Bücher des Ostens der abendländischen Geisteswelt zugänglich und kämpfte mit heiliger Entrüstung gegen die weitverbreitete Verachtung der nichtchristlichen Religionen, die besagt, »daß alle Christen, die vor dem Christentum lebten, eine Art Parias seien, die der himmlische Vater verstoßen habe . . .« Er betrachtet jede Religion als eine »Brücke zum Unendlichen« und insofern als eine »göttliche Erziehung des Menschengeschlechtes«, wobei jedoch für ihn selber das Christentum die beste, reinste und wahrste Religion ist, die die Welt je gesehen hat — allerdings ging es ihm da um die von Christus gelehrte, ohne alles spätere kirchliche Beiwerk. Max Müller schrieb: »Es gibt nur eine ewige und universale Religion, die über, unter und hinter allen Religionen steht, der alle angehören und angehören können.« (*24*, S. 725 und S. 888)

Bei allem Verdienst der vergleichenden Religionswissenschaft ist hier aber doch eine Einschränkung zu machen, stand und steht sie doch in weiten Bereichen unter der Flagge des Fortschrittsglaubens und der evolutionären Philosophie. So schreibt Seyyed Hussein Nasr: »Mit dem Aufkommen der evolutionären Philosophie und ihrer Anwendung auf das Studium der Religionen glaubten viele Christen, diese Methode zu ihrem eigenen Vorteil anwenden zu können, indem sie andere Religionen als Stufen in der allmählichen Vervollkommnung und Entwicklung der Religion betrachteten, die ihren Höhepunkt und Abschluß im Christentum fand. Diese Vorgehensweise hatte nur den Schönheitsfehler, daß der Islam nach derselben Logik als die jüngste der größeren Religionen vollkommener sein müßte als das Christentum.« (*43*, S. 401)

Viele Namen wären noch zu nennen von Persönlichkeiten, die im Geiste der vergleichenden Religionsbetrachtung Wesentliches zu einem neuen Verstehen der eigenen und der anderen Religionen beitrugen. Friedrich Heiler, Gustav Mensching, Eduard Schuré, Helmuth von Glasenapp, um nur einige aufzuzählen.

Gustav Mensching war es, der darauf hinwies, daß die Vorstellung, Jesus sei der einzige Sohn Gottes, nicht zuletzt auf eine falsche Übersetzung zurückzuführen ist. Im Römerbrief des Apostels Paulus steht (8, 14): »Die vom Geiste Gottes getrieben werden, die sind *Söhne* Gottes«, — also nicht die uns vertraute Lesart: »die sind Kinder Gottes«. So ehrt Mensching in seinem Werk (*40*) »Die Söhne Gottes« Krishna, Lao-tse, Moses, Augustinus, Konfuzius, Mohammed und noch einige andere der erhabenen Erleuchteten Menschheitsführer als »Söhne« Gottes. Das gibt zu denken! Und es gibt nicht wenige weitere Übersetzungsfehler, die sinnentstellend durch die Jahrhunderte ihre Wirkung getan haben.

Da reift mancher langsam zu neuen Einsichten, alte Vorurteile lösen sich auf. Manchem fällt es auch sehr plötzlich wie Schuppen von den Augen, eine tiefe, wachrüttelnde Erschütterung bewegt Herz und Verstand, und man begreift, daß man vieles neu durchdenken muß. Mancher erkennt und bekennt unumwunden: Ich muß ganz neu anfangen . . . und tut das auch. Geistliche und Laien ringen um eine neue Christologie — vor allem um ein »neues« Herz. Die Juden bitten Gott: »Mache uns ein ›Himmelsherz‹«!

Zunächst haben dabei zweifellos auch die noch stark im Intellektuellen verhafteten Kämpfer eine wichtige Brückenfunktion zu erfüllen, denn eben ihre Sprache ist es, die heute von den meisten gut verstanden wird, sodaß dann erste tastende Hinweise auf metaphysische Aspekte möglicherweise eher akzeptiert werden.

Sobald man aber im Aufbruch zur inneren, zur

metaphysischen Realität ist, erübrigen sich auch all die intellektuellen Überanstrengungen in der Auseinandersetzung mit Christentum und Kirche, sie fallen in nichts zusammen. Man wird weder polemisieren noch anprangern, noch auf die Barrikaden gehen. Vielmehr wird die ganze Kraft zielsichtig in der Erneuerung eingesetzt, wodurch alles Ungute — einem natürlichen Gesetz zu Folge — sich früher oder später auflöst.

Und aus einer tatsächlichen inneren Erneuerung ereignen sich auf natürliche und notwendige Weise auch die Wandlungen im Äußeren.

Auf diesem Wege wird man im interreligiösen Gespräch auch nicht mehr so großes Gewicht auf das Vergleichen der Lehren und auf die Diskussion schwieriger Detailfragen legen, weil all diese Dinge aus metaphysischer Sicht einen anderen Stellenwert bekommen. Gewiß ist es nicht unwichtig, sich auch intellektuell zu orientieren und zu besprechen, aber es wird darin kein Zündstoff mehr für Kontroversen liegen, man wird damit keine Mauern mehr aufrichten, weil der Angelpunkt im tief erlebten »Auch du, Bruder Mensch!« liegt. Die Rose streitet nicht mit dem Veilchen, weil es keine Rose ist, ja selbst das Wasser streitet nicht mit dem Feuer, weil eines sich über das andere erheben möchte. Erst das Zusammenspiel aller Elemente macht die Schöpfung aus. Erst das Lied aller Religionen bildet den ganzen Chor der Menschheit, die den Einen / das Eine lobpreist.

In jedem einzelnen entscheidet und vollzieht sich die Erneuerung von innen her; und sie alle zusammen bilden den Chor der Lobpreisung, deren »Text« eine neue Christologie sein wird. Hierzu als Motto die benediktinischen Worte:

»Geist der Liebe und der Stärke:
Komm und segne meine Werke.
Geist der Weisheit und der Wahrheit:
Komm, erfülle uns mit Klarheit!
Geist des Friedens und der Freude:
Schenke uns ein neues Heute!« (*19*, Heft 11)

Aussöhnung zwischen Juden und Christen

Man sagt, Christentum, Judentum und Islam seien die Religionsgemeinschaften, in denen man am meisten Fanatismus und Intoleranz findet, wenngleich auch in der Wesenstiefe dieser drei Religionen, die sich zu dem Einen Gott bekennen, eine umgreifende Toleranz liegt. Wahre Religion ist stets tolerant.

Und mit dem Judentum und dem Islam müssen wir Christen uns insbesondere zusammensetzen, sie sind uns schicksalhaft am nächsten.

Das Zehnwort, die Zehn Gebote, sind das Herzstück der jüdischen Lehre, der Thora; und die hebräische Religion versteht sie als Gottes Universalen Heilsplan für die ganze Menschheit, spiegeln sie doch die Wahrheit der kosmischen und metakosmischen Harmonie und geben Weisung, wie wir teilhaben und mitwirken können und dürfen, wie wir zur Harmonie mit dem Unendlichen finden sollten und können.

Das »Schema Israel«, das Bekenntnis zum Ewig-Einen Gott und zur Gottesliebe, war schon im Altertum Symbol des Judentums. Es lautet:

»Höre Israel! Der Ewige, unser Gott, der Ewige ist einzig! Und du sollst den Ewigen, deinen Gott, lieben mit ganzem Herzen, mit ganzer Seele und mit der ganzen Kraft.« (Aus 5. Mose 6, 4-5)

Beim Propheten Maleachi 1, 11 spricht Gott Zebaoth, der Herr der himmlischen Heerscharen:

»Denn von Aufgang der Sonne bis zu ihrer Rüste
unter den Weltstämmen groß ist Mein Name,
allerorten wird Meinem Namen Rauchwerk dargebracht und reine Spende,
denn unter den Weltstämmen groß ist Mein Name,
spricht Er, der Umscharte.«

Diese Übersetzung stammt von Martin Buber. Martin Luther hatte statt »Weltstämme« das Wort »Heiden« gesetzt. Aber in der Buberschen Übersetzung gewinnt dieser gewaltige Vers seine ganze universale Bedeutung und könnte von Menschen aller Religionen aufgenommen werden.

Martin Buber trat auch ein für gemeinsames Handeln der Religionen zur Verwirklichung von Frieden und Harmonie. Er schrieb: Die Religionen »können miteinander in Verbindung treten und miteinander zu klären versuchen, was von der Menschheit aus getan werden kann, um der Erlösung näherzukommen; es ist ein gemeinsames Handeln der Religionen denkbar, wenn auch jede von ihnen nicht anderswo handeln kann als im eigenen Haus. All das aber ist nur in dem Maße möglich, als jede Religion sich ihrem Ursprung, der Offenbarung, in der sie ihren Ursprung hat, zuwendet und an der Entfernung davon, die sich in ihrem geschichtlichen Entwicklungsprozeß vollzogen hat, Kritik übt. Die geschichtlichen Religionen haben die Tendenz, Selbstzweck zu werden und sich gleichsam an Gottes Stelle zu setzen, und in der Tat ist nichts so geeignet, dem Menschen das Angesicht Gottes zu verdecken, wie eine Religion. Die Religionen müssen zu Gott und Seinem Willen demütig werden; jede muß erkennen, daß sie nur eine der Gestalten ist, in denen sich die menschliche Verarbeitung der göttlichen Botschaft darstellt — daß sie kein Monopol auf Gott hat.« (*21*)

In der Glaubensbotschaft der Juden geht es darum, eine weltweite Ökumene aller Gottesfürchtigen zu fördern, sie ist »das prophetische Endziel der Hebräischen Bibel«, wie Pinchas Lapide schreibt, der jüdische Theologe und Religionsphilosoph, dem die Christen sehr viel zu verdanken haben, befreit er doch von zahlreichen alten und eingewöhnten Übersetzungsfehlern der Bibel, die den Christen zu gravierenden Fehlvorstellungen geführt hatten. Es geht Lapide um jene »künftige Pan-Ökumene aller Gotteskinder, die, ohne Synkretismus, in versöhnter Vielfalt dem Einen Gott einträchtig zu dienen gewillt sind.«

Wie alle großen Religionen ist auch die jüdische eine Erlösungsreligion. Erlösung ist ein religiöser Grundbegriff, daher menschheitlich gültig. Bildlich gesprochen bedeutet Erlösung die Heimkehr des Sohnes zum Vater — und auch für diese Geschichte gibt es in allen Religionen Entsprechungen.* Wenn zwischen Juden und Christen das Thema Erlösung häufig ein Streitpunkt ist, so liegt es daran, daß die

* Siehe Inge von Wedemeyer, »Schicksal der Menschheit«.

Frage und Verheißung der Erlösung nicht tief genug ausgelotet wird.

Nach jüdischem Glauben ist die Welt noch nicht erlöst. Die noch andauernde Erlösungsbedürftigkeit steht aber neben dem Wort Gottes: »Fürchte dich nicht, ich habe dich erlöst!« (Jes. 43, 1). Das ist nur ein scheinbarer Widerspruch, denn wo auch immer die Erlösungsreligionen den Weg weisen, wird sowohl von der zukünftigen als auch von der gegenwärtigen Erlösung gesprochen.

Der Allgegenwart Gottes entspricht die absolute Gegenwart der Erlösung, wenngleich sie im Herzen des noch erlösungsbedürftigen Menschen nur erst gleich einem Samenkorn keimt, ist er doch als Werdender und Gläubiger unterwegs zu seinem Gott.

Den Willen des Höchsten zu tun — und Sein Wille ist das Gute, das höchste Gut —, führt zur Erlösung, zur Freiheit, zur Seligkeit.

Diese Gedanken könnten ebensogut durch Worte aus dem Neuen Testament und aus anderen Religionen belegt werden, weil die Erkenntnis der Erlösungsbedürftigkeit und der Erlösung archetypisches Geistesgut sind; wenn es also in der einen Erlösungsreligion gültig ist, muß es — mit etwas anderen Worten — auch für die anderen zutreffen.

Viele Hindernisse könnten bei entsprechender verstehender geistiger Toleranz aus dem Wege geräumt werden. Den entscheidenden offiziellen Schritt zu einer Aussöhnung zwischen Christen und Juden haben die Päpste Johannes XXIII. und Paul VI. getan. Das 2. Vatikanische Konzil ist hier das epochemachende Ereignis. (*68*)

Jahrhundertelang standen die christliche und die jüdische Religion einander feindlich gegenüber, auch wenn es immer wieder auf beiden Seiten Menschen gegeben hat, die — mehr oder minder insgeheim — zur Besinnung und Aussöhnung, zu einem menschenwürdigen Miteinander aufriefen; zudem gab es jene, die die Tiefe sowohl der einen als auch der anderen Religion erkannten und damit ihre Gemeinsamkeit, das waren wohl vor allem die Mystiker. Aber weder die Stimmen der einen noch die der anderen wurden gehört.

Heute scheint es endlich so weit zu sein, daß die »Kette jahrhundertealter Entzweiung zwischen Christen und Juden« zerbrochen wird oder ist, auch wenn es vielleicht noch dauern wird, bis dieser Vorgang auf beiden Seiten das Bewußtsein der Allgemeinheit so durchdrungen hat, daß es zu einer gelebten Realität und Selbstverständlichkeit wird, im Sinne der hymnischen Worte aus Schillers Lied an die Freude: »Brüder, überm Sternenzelt muß ein lieber Vater wohnen!«

In unverantwortlicher Verallgemeinerung hat man jahrhundertelang dem jüdischen Volk den Tod Jesu zur Last gelegt und es in Bausch und Bogen als »gottesmörderisches Volk« bezeichnet. In »fehlerhafter Exegese« wurde »die Verfluchung und die Kollektivschuld des jüdischen Volkes« gelehrt. Man spielte sich als Richter über das Gottesvolk des Alten Bundes auf, was in zutiefst verletzenden und verleumderischen Wendungen liturgischer Texte und Gebete der Kirche zum Ausdruck kam. Es war zunächst vor allem Papst Johannes XXIII., der angesichts der unermeßlichen Leiden des jüdischen Volkes in tiefer Ergriffenheit das folgende Bußgebet gesprochen hat (etwa 1938):

»Wir erkennen nun, daß viele, viele Jahrhunderte Blindheit unsere Augen bedeckt hat, so daß wir die Schönheit Deines auserwählten Volkes nicht mehr sehen und in seinem Gesicht nicht mehr die Züge unseres erstgeborenen Bruders wiedererkennen. Wir erkennen, daß das Kain-Zeichen auf unseren Stirnen steht. Jahrhundertelang hat Abel niedergelegen in Blut und Tränen . . . Vergib uns die Verfluchung, die wir zu Unrecht ausgesprochen über den Namen der Juden. Vergib uns, daß wir Dich in ihrem Fluche zum zweiten Male kreuzigten, denn wir wußten nicht, was wir taten.« (*30*)

Nun ging es vor allem um dreierlei: Erstens die Beseitigung unrichtiger Aussagen über die Juden in der christlichen Unterweisung. Zweitens um die Beseitigung der theologischen Legende, die Zerstreuung Israels sei eine von Gott verhängte Strafe für die Kreuzigung. Und drittens um die Beseitigung der Anschuldigung des »Gottesmordes«, die nicht zur »heilen Tradition« der Kirche gehört.

Was aber lehrt die »heile Tradition«? Nach dem Trienter Katechismus (1566) heißt es: Alle Sünder sind zu den Kreuzigern Christi zu rechnen!

Alle Sünder, einst wie heute! Und wer wäre kein Sünder! Und hat nicht Judas den Herrn verraten, Petrus ihn verleugnet, und haben ihn nicht alle verlassen — einst wie heute? Nur Maria, Maria Magdalena und Johannes standen unter dem Kreuz.

Im Bemühen um das Werk der Versöhnung zwischen Christen und Juden sollte man sich auch klar machen, daß Jesus selber »dem Fleische nach« vom

Volk der Juden stammt (Röm. 9, 5).* Mehr noch: Christen sind »zweifelsohne echte Nachkommen des geistlichen Israel, authentische Erben des Glaubens Abrahams, ›unseres Patriarchen‹, wie er im Kanon der katholischen Messe genannt wird.«

Und so sagte Papst Johannes XXIII. (1938): »Durch Christus und in Christus sind wir aus Abrahams geistlichem Geschlecht. Geistlicherseits sind wir Semiten.« Im Text des 2. Vatikanischen Konzils selber heißt es dann — unterzeichnet von Papst Paul VI. (1965):

»Auch hält sie (die Kirche) sich gegenwärtig, daß aus dem jüdischen Volke die Apostel stammen, die Grundfesten und Säulen der Kirche, sowie die meisten jener ersten Jünger, die das Evangelium Christi der Welt verkündet haben.«

Nun ging es darum, die diffamierenden Texte aus den kirchlichen Schriften, vor allem auch der Liturgie zu streichen. Hier einige Beispiele:

Vor 1966 hieß es in der Karfreitagsfürbitte der katholischen Kirche: »Beten wir für die ungläubigen Juden.« Heute heißt es: »Beten wir für die Juden.«

Vor 1966 wurde vom jüdischen Volk als einem »verblendeten und in Finsternis lebenden« gesprochen. Heute wird in »ökumenischem Zartsinn«, wie es heißt, und ohne sich länger zum Richter über die Juden aufzuspielen, schlicht für die Juden »um die Fülle des Heils« gebetet.

Früher war das Volk der Juden das »ehedem« auserwählte. Das Wort »ehedem« wurde gestrichen. Denn

* Wenn nicht anders angegeben, stammen die Zitate aus Texten und (offiziellen) Kommentaren des 2. Vatikanischen Konzils (*68*).

Paulus hat gesagt: »Unwiderruflich sind die Gnadengaben und der Ruf Gottes.« (Röm. 11, 29)

Im 2. Vatikanischen Konzil wird bekannt: »Wir können aber Gott, den Vater aller, nicht anrufen, wenn wir irgendwelchen Menschen, die ja nach dem Ebenbild Gottes geschaffen sind, die brüderliche Haltung verweigern.«

Es wird dann Johannes 4, 8 zitiert:

»Wer nicht liebt, kennt Gott nicht.«

Die Juden haben durch die Christen Unsägliches gelitten, so ist ihnen verständlicherweise das Christentum selber fremd, meist sehr fremd. Es gibt auch heute noch Juden, so der bekannte Judaist Jacob Neusner, die behaupten, es sei falsch anzunehmen, Christentum und Judentum haben eine gemeinsame Tradition. Er ist auch sehr kritisch gegenüber dem Gedanken, Jesus sei ein Rabbi gewesen.

Martin Buber, so heißt es, war überhaupt der erste jüdische Theologe, der die Auffassung vertrat, das Christentum besäße die gleiche Legitimität wie das Judentum, denn beide hätten ihren Ursprung im Göttlichen ... (5, S. 51)

Sowohl von christlicher als auch von jüdischer Seite gibt es heute »Brückenbauer«, denen vieles gelingt. Ein besonderer Höhepunkt der christlich-jüdischen Zusammenarbeit war vor einigen Jahren jener ökumenische Gottesdienst im Freiburger Münster, bei dem Evangelen, Katholiken und Juden im Gebet vereinigt waren. Es erklangen Texte von Psalmen und Kirchenliedern, Auszüge christlicher und jüdischer Gebete und vereinten über tausend Menschen, die zu diesem Ereignis herbeigeströmt waren. (2)

Im Jahre 1980 fand in der Vaterunser-Kapelle im Ibental ein jüdisch-christlicher Gottesdienst statt. Das Schlußgebet lautete:

»Herr, öffne unsere Augen,
daß wir jegliche Wahrheit sehen und begrüßen —
ob sie nun aus den Schriften
alter Offenbarungen leuchtet
oder uns durch die Seher unserer Zeit erreicht.
Denn Du verbirgst Dein Antlitz vor keinem
Geschlecht Deiner Kinder,
die sich nach Dir sehnen
und Deine Weisung suchen.« (*30*, 20)

Der Islam

Der Islam ist die Religion, die insbesondere die Einheit Gottes, und damit eine Harmonie der Religionen, den Frieden und die Bruderschaft der Menschheit auf ihr Panier geschrieben hat.

Die Grundbotschaft des Islam kann man folgendermaßen zusammenfassen: die Einheit Gottes — die Einheit der Menschen — die Einheit der Offenbarung — und die Verantwortung des Menschen gegenüber Gott.

Das islamische Konzept der Universalität der Offenbarung ging Hand in Hand mit dem Gedanken einer Ur-Wahrheit, die immer bestand und immer bestehen wird, einer Wahrheit ohne Geschichte. (Nasr, *43*)

Daher betrachtet der Islam seine Lehre der Einheit (al-tawhid) nicht nur als die Essenz der eigenen Botschaft, sondern als den Kern einer jeden Religion. Alle Religionen werden als die vielfältigen Wiederholungen der Lehre der Einheit in verschiedenen Ländern und Sprachen betrachtet. (Nasr, *43*)

Religion ist Religion der »All-Wahrheit«, ist die Lehre der alten Propheten, die bis Adam zurückreichen.

Wahre Erkenntnis ist stets identisch mit der einen ewigen Weisheit, die seit dem Anfang der Menschheitsgeschichte Bestand hat.

Gott ist Einer! »Gott, der Herr der Menschen in aller Welt, der Barmherzige und Gnädige, der am Tag des Gerichtes regiert« (Sure 1, 2-4). Und das Gericht ist gegenwärtig und zukünftig zugleich! »Er ist der Erste und der Letzte.« (Sure 57, 4)

Von der Einheit der Offenbarung heißt es im Koran: »In jedem Volk hat es einmal einen Warner gegeben« (Sure 35, 24). So glaubt der Moslem an das, »was auf Abraham, Ismael, Isaak, Jakob und die Stämme (Israels) herabgesandt worden ist, und was Mose, Jesus und die Propheten von ihrem Herrn empfangen haben, ohne daß wir bei ihnen einen Unterschied machen« (Sure 3, 78 und 2, 130).

Im Koran heißt es: »Allahs ist der Orient und der Okzident« (Sure 2, 109). Goethe griff den Vers auf und fuhr fort: »Nord- und südliches Gelände ruht im Frieden Seiner Hände«, und er schrieb:

»So der Westen wie der Osten
geben Reines dir zu kosten.
Laß die Grillen, laß die Schale,
setze dich zum großen Mahle.«

Im Hadith — Zeugnis der Worte und Taten des Propheten — heißt es: »Alle Geschöpfe Gottes sind die Familie Gottes, und der wird von Gott am meisten geliebt, der am meisten die Geschöpfe Gottes liebt.«

Der Koran warnt: »In Glaubensangelegenheiten darf es keinen Zwang geben« (Sure 2, 257), und: »Spaltet euch nicht!« (Sure 3, 103)

Zudem hat der Islam eine besonders tiefe Verehrung für Jesus. Nicht von ungefähr ist eine ganze Sure, die neunzehnte, Maria gewidmet.

Der Islam gilt dem Moslem all die »wiederhergestellte authentische Offenbarung der biblischen Religionsboten«. Man sagt: die Christen zur Zeit des Propheten Mohammed waren von der reinen Lehre abgewichen. Mohammed aber hat ihren reinen Kern von neuem enthüllt. Das ist einer der Gründe, weshalb auch heute noch die Konversion eines Moslem zum Christentum äußerst selten ist, denn der Moslem hat die wahre christliche Lehre ja in seiner eigenen Überlieferung; dennoch betrachtet er gemeinhin die Christen als seine, allerdings irregeleiteten, Brüder.

In den christlichen Kirchen setzt man sich heute häufig zu ökumenischen Gesprächen mit den Muslimen zusammen, aber unter Voraussetzungen, die dem Islam nur selten gerecht werden. Man setzt sich, so könnte man sagen, zusammen, um zu betrachten, was einen voneinander trennt. Und solange in solchen Dialogen dem Moslem gesagt wird, seine Sicht sei verzerrt, wie durch eine Milchglasscheibe getrübt, und man ihm die Ansicht entgegenstellt, der Islam stünde sozusagen noch in seinem Mittelalter, sei also rückständig, und ihm fehlten die fortschrittlichen Errungenschaften der Säkularisierung und Aufklärung, ist eine Verständigung nicht möglich.

Der Abendländer sollte eher dankbar sein für die Begegnung mit einer lebendigen religiösen Gemeinschaft, in der es nicht die verhängnisvolle Spaltung in einen profanen und einen sakralen Bereich gibt, sondern in der die Einheit und die Verantwortung vor Gott in allen Bereichen des Lebens zum obersten Grundsatz gehört. Es gibt nichts, aber auch gar nichts, was für einen wahrhaft religiösen Menschen nicht in Bezug zu seinem Gott steht, in Hingabe an Gott verantwortlich gelebt wird.

Dem säkularisierten Abendländer ist es meist unvorstellbar, wie es möglich sein soll, daß der Herrscher eines Landes Gott allein dient, so wie es nicht nur von den Heiligen Königen im Goldenen Zeitalter berichtet wird, die oberster Priester, oberster Richter und oberster Heerführer in einer Person waren.

Auch Mohammed vereinigte diese Qualitäten in seiner Person. Haben es seinerzeit nicht so manche Anhänger Jesu ihrem Meister vorgeworfen, daß er das »Reich« nicht auch in dieser Welt begründete? Die Christen standen später dann in der schwierigen Lage, nur ein geistliches, aber kein weltliches Recht zu besitzen, und mußten darum auf das »heidnische« römische Recht zurückgreifen, ein Faktum, in dem schon die Wurzel für die erst viele Jahrhunderte später sich ereignende Säkularisierung liegt.

So betrachtet der Moslem seine Religion nicht nur als die wiederhergestellte authentische Offenbarung, sondern auch als die vollständigere, umfaßt sie doch alle Bereiche des Lebens, ist auch irdische Lebensweise, die sich am Himmel, an Allah, dem Allerbarmer, orientiert.

Der säkularisierte Abendländer mag einwenden: »Ein Heiliger kann keine Politik machen, denn Politik ist immer schmutzig, darum müssen diese Bereiche voneinander getrennt sein und bleiben.«

So ein heiliger Mann macht nicht Politik, sondern »regiert«! Regieren aber — so sagt es das Wort selber — ist Rechtmachen, Recht-Schaffen in Rechtschaffenheit. Große Kulturen gab es nur dort, wo »regiert« wurde — auch das christliche Abendland kannte noch heilige Könige!

Das ist das uralte Ideal eines Plato und eines Pythagoras, das Ideal von der »Herrschaft der Besten«, das Ideal eines Konfuzius, eines Moses und vieler anderer der großen Menschheitsführer, nicht zuletzt wurde es verwirklicht im versunkenen Reich der Inkas. Sobald aber Mißbrauch eintritt, ist eine Kultur unweigerlich dem Verfall preisgegeben.

Was soll das heute? Kann es so einen Weg heute noch geben? Die Antwort ist sehr einfach: Jeder »regiere« zunächst sich selber, das ist die unverzichtbare Voraussetzung, um zu einer Erneuerung von innen her beizutragen.

»Und Gott ist mit den Standhaften!« heißt es im Islam.

Es gibt einige Aussagen des Koran, die viele Christen unserer Tage kategorisch ablehnen. Da ist vor allem diese, daß Jesus nicht als der einzige Sohn Gottes verehrt wird, sondern »nur« als Prophet. Dabei wird übersehen, daß Jesus in den ersten Jahrhunderten des Christentums allenthalben als Prophet galt; die Prophetenchristologie wurde erst später durch eine Sohneschristologie abgelöst.

Die 112. Sure lautet:
»Sprich: Gott ist Einer,
ein ewig Einer,
hat nicht gezeugt,
und Ihn gezeugt hat keiner,
und nicht Ihm gleich ist einer.«

»Islam« bedeutet sowohl Frieden als auch Unterwerfung unter den Willen Gottes — das heißt Frieden durch Unterwerfung unter den Willen Gottes. Und das Bemühen — trotz aller immer wieder überbordenden Unvollkommenheiten — diesen Frieden und diese Unterwerfung unter den Allerbarmer zu leben, ist im Grunde genommen Herz und Kern jeder Religion, welchen Namen man diesem Allerbarmer auch geben mag. »Gott ist Einer!«

»Die Gläubigen sind diejenigen, deren Herz im Gedenken Gottes Ruhe findet« (Sure 13, 28). »Diejenigen, die glauben und tun, was recht ist, sind selig zu preisen« (Sure 13, 29).

Ibn Arabi (gest. 1240), einer der bedeutendsten Mystiker des Islam, lehrte die Wesenseinheit der Schöpfung als der Offenbarung des Einen Gottes und betrachtete alle Religionen als ebenbürtig. Er schrieb:

»Mein Herz wurde zu jeder Form fähig, es ist ein Weideplatz für Gazellen, ein Kloster für Mönche, ein Tempel für Götzenbilder und eine Kaaba für den Pilger, die Tafel der Thora und das heilige Buch des Koran. Die Liebe allein ist meine Religion, und wohin auch immer ihre Reittiere sich wenden, ist sie meine Religion und mein Glaube.«

Eine tragische Persönlichkeit war der moslemische Mogulkaiser Akbar (1564-1605). Unter dem Motto

»Frieden mit allen!« schuf er eine eigene, überkonfessionelle Religion und ließ ein Gottesdiensthaus errichten, in dem Gespräche von Vertretern verschiedener Religionen stattfanden. Er nannte seine Religion die »Religion Gottes« oder »Göttlichen Monotheismus«. Er wurde ermordet — man sagt, weil er seine eigene Person verherrlichen ließ, statt Gott allein.

Sein Wahlspruch lautete: »Es gibt keine höhere Religion als die Wahrheit.«

»Er ist der Lebendige,
es gibt keinen Gott außer Ihm,
darum rufet Ihn an in lauterem Glauben.
Das Lob sei Allah, dem Herrn der Welten!« Sure 40, 67

Hinduismus

»In Indien hat seit alter Zeit eine Fülle von religiösen Anschauungen und Kulten nebeneinander bestanden: im Altertum der Vishnuismus und Shivaismus, der Jainismus und der Buddhismus, im Mittelalter kamen der Islam und der Parsismus, in neuerer Zeit das katholische und protestantische Christentum und die philosophischen Lehren des Abendlandes hinzu. Jeder religiöse Inder sah sich dadurch veranlaßt, sich Gedanken darüber zu machen, wie diese Fülle von auseinandergehenden Ansichten mit der Forderung, daß es nur *eine* Wahrheit geben könne, zu vereinigen sei. Die von Shankara gegebene Lösung, daß die Vielfalt der Glaubensformen auf einer höheren Stufe der Erkenntnis in einer All-Einheit aufgehoben wird, hat daher viele Hindus angezogen.« H. v. Glasenapp

Swami Vivekananda, Meisterschüler des großen Heiligen Ramakrishna und um die Jahrhundertwende bedeutender Vermittler der indischen Geistigkeit für den Westen, stellte seinen Yogaschriften folgende Worte voran:

»Jede Seele ist in ihrem Grunde göttlichen Wesens. Das Ziel ist, dieser Göttlichkeit innezuwerden, und zwar vermittels der Kontrolle über den inneren und den äußeren Menschen. Erreicht dies entweder durch Arbeit oder Anbetung, durch physische Kontrolle oder Philosophie — durch eines davon oder mehrere oder alle diese Mittel — und ihr seid frei! Dies ist der Inbegriff aller Religionen.«

Mit folgenden Worten erläutert er die geistige Tradition seiner Heimat: »Wer auch immer in Indien regieren mag: Neben — nein, über ihm regiert die Tradition, die Überlieferung der heiligen Schriften. Nichts gilt das Neue, das Einmalige, das Andere, nichts die Genialität des einzelnen, es sei denn, er fände einen Weg, das Neue, Einmalige aus der heiligen Überlieferung belegen zu können.«

Die Ehrfurcht vor den Heiligen Schriften und den großen Meistern und Heiligen, das ist die Kraftquelle der indischen Kultur; denn Urweisheit, Philosophia perennis, ist unumstößlich und gilt für alle Zeiten. Das ist nicht gedachte, erdachte Weisheit, sondern gelebte, verwirklichte Weisheit, nach dem Wort Swami Vivekanandas: »Sucht nicht nach einer Religion, seid Religion!«

In den Upanischaden, den heiligen Texten der Hindus, heißt es:

»Im Herzen aller Dinge, in jeglichem, was ist im

Weltall, wohnt der Herr. Einzig Er ist die Wirklichkeit. Deshalb entsage trügerischem Schein, erfreue dich an Ihm, und sei nicht lüstern nach den Gütern dieser Erde.« (Ischa Up. *58*, S. 3)

Hierzu ein Wort aus dem Neuen Testament: »Wisset ihr nicht, daß ihr Gottes Tempel seid und der Geist Gottes in euch wohnt? So jemand den Tempel Gottes verderbt, den wird Gott verderben; denn der Tempel Gottes ist heilig — der seid ihr.«

1. Kor. 3, 16-17

Und ein Wort des Gottes Sri Krishna aus der Bhagavad Gita:

»Ich bin der Anfang, Mitte und das Ende
Der ganzen Welt, ihr Schein sowohl als Sein . . .«

(*3*, 10, 32)

Dazu wieder ein Wort aus dem Neuen Testament:

»Ich bin das A und das O, der Anfang und das Ende,
spricht Gott der Herr, der da ist, und der da war,
und der da kommt, der Allmächtige.« Off. 1, 8

Mahatma Gandhi (1896-1948) bekannte sich mit folgenden Worten zur Toleranz und zu einer Harmonie der Religionen:

»Gegenseitige Duldung ist eine Notwendigkeit für alle Zeiten und Rassen. Duldung erfordert nicht, daß ich das, was ich dulde, auch billige. Alkohol-, Fleisch- und Tabakgenuß mißfallen mir im höchsten Grad, und doch dulde ich das alles bei dem Hindu, den Muslims und Christen, wie ich von diesen auch erwarte, daß sie meine Enthaltsamkeit in diesen Dingen dulden, auch wenn es ihnen mißfällt. Aller Streit kommt daher, daß einer den anderen mit Gewalt zu seiner Ansicht bekehren will.

»Religionen sind verschiedene Wege, die zum selben Ziel führen. In Wahrheit gibt es soviele Religionen, wie es Individuen gibt. Ahimsa (Nicht-Gewalt) lehrt uns, dieselbe Achtung für den religiösen Glauben anderer zu hegen, die wir unserem eigenen entgegenbringen, wobei wir die Unvollkommenheit des letzteren zugeben. Sähen wir alle Religionen mit gerechten Augen an, so würden wir nicht nur ohne Zögern, sondern mit dem Bewußtsein für unsere Pflicht jeden annehmbaren Wesenszug anderer Religionen in unseren eigenen Glauben aufnehmen.

»Jeder hat von seinem Standpunkt aus recht, aber es ist nicht unmöglich, daß jeder unrecht hat. Daraus leitet sich die Notwendigkeit der Toleranz ab. Toleranz vermittelt uns geistige Einsicht, die vom Fanatismus so weit entfernt ist wie der Nordpol vom Südpol.

»Religion ist eine sehr persönliche Angelegenheit. Wir sollten jeder nach seiner besonderen Erleuchtung leben und einer den anderen teilhaben lassen am Besten, und auf diese Weise unseren Teil zur Gesamtsumme menschlichen Bemühens um Gotteserkenntnis beisteuern.«

Es ist von besonderem Wert für uns westliche Menschen, Stimmen solcher indischer Persönlichkeiten zu hören, die auch bei uns seit langem höchste Achtung und Anerkennung erfahren und zu einem Brückenschlag zwischen Ost und West Wesentliches beigetragen haben. So noch ein weiteres Wort von Mahatma Gandhi, der zu der bei uns im Westen so problematischen Beziehung von Politik und Religion folgendes schrieb:

»Für mich gibt es keine Politik, die nicht zugleich

Religion wäre. Politik dient der Religion. Politik ohne Religion ist eine Menschenfalle, denn sie tötet die Seele. Es ist meine feste Überzeugung, daß das heutige Europa nicht den Geist Gottes und des Christentums verwirklicht, sondern den Geist Satans. Und Satan hat den größten Erfolg, wo er mit dem Namen Gottes auf den Lippen erscheint. Europa ist heute nur noch dem Namen nach christlich. In Wirklichkeit betet es den Mammon an. Jesus hat vergebens gelebt und ist vergebens gestorben, wenn er uns nicht gelehrt hätte, unser ganzes Leben nach dem Gesetz der Liebe einzurichten.«

Tatsächlich findet diese Ansicht auch bei uns inzwischen wieder manches offene Ohr — und das ist ein Signal der Hoffnung!

Und nun ein Wort des Dichterphilosophen Rabindranath Tagore, der im Jahre 1913 den Nobelpreis erhielt »für die einfühlsamen, lebendigen und schönen Verse, mit denen er in vollendeter Weise seine dichterischen Gedanken — in englischer Sprache — zu einer Komponente der abendländischen Literatur machte.« (*19*, Heft 21)

»Wenn wir zu dem Glauben kommen, daß wir Gott besitzen, weil wir zu einer besonderen Sekte gehören, so gibt uns dies ein so vollkommenes Gefühl sicheren Behagens, daß wir Gott überhaupt nicht mehr brauchen, es sei denn, um mit anderen über ihn zu streiten, deren Vorstellung von Gott in theoretischen Einzelheiten von der unseren abweicht . . .

»Der Sektengläubige ist stolz, weil er sich auf sein Besitzrecht an Gott verläßt . . . Sektenwesen ist eine entartete Form der Weltlichkeit unter der Maske der

Religion, sie macht noch engherziger, als es der auf materielle Interessen gegründete Weltdienst tun kann . . . Jene Sekten, die sich eifersüchtig mit Schranken von starren Dogmen umgeben und jede spontane Bewegung des lebendigen Geistes ausschließen, hegen und pflegen wohl ihre Theologie, aber sie töten ihre Religion . . . Der Versuch, ihre eigene Religion überall und für alle Zeiten zur herrschenden zu machen, ist den Menschen, die zum Sektenwesen neigen, natürlich. Daher wollen sie nichts davon hören, daß Gott großmütig ist in der Verteilung seiner Liebe . . .«

Hierzu muß man wissen, daß der Inder sämtliche christlichen Kirchen als »Sekten« bezeichnet.

Der Religionsphilosoph und Staatsmann Sarvapalli Radhakrishnan (1888-1975) widmete sich dem Bemühen, Ost und West in einer neuen, mystischen Schau religiöser Werte zusammenzuführen. Aus der Erfahrung der transzendenten Einheit der Religionen schrieb er: »Es gibt nur eine Erlösung und nur einen Weg, nämlich die Sehnsucht der Gott zugewandten Seele . . . Daher bewirkt diese Sehnsucht alles, sie trägt die Seele zu Gott und ist eins mit Gott.« (*48*, S. 154)

Er bekennt im Geiste der Hindu-Tradition:

»Ich nehme alle Religionen an und verehre Gott mit ihrer Hilfe, in welcher Form sie auch immer dies tun mögen. Ich gehe in die Moscheen der Mohammedaner und knie vor dem Kruzifix der christlichen Kirche, ich nehme im buddhistischen Tempel meine Zuflucht zu dem Buddha und seiner Lehre. Ich gehe in den Wald und meditiere mit dem Hindu, der dort das Licht zu sehen sucht, das allem das Herz erleuchtet. — Aber ich will nicht nur dies tun, sondern ich werde mein Herz offen halten für alles, was noch in Zukunft kommen wird. Ist denn Gottes Buch abgeschlossen? Bibel, Veda, Koran und alle anderen heiligen Bücher sind nur Seiten aus diesem Buch. Eine unendliche Anzahl von Seiten ist bisher noch nicht umgeblättert worden. Verehrung allen Propheten der Vergangenheit, allen großen Menschen der Gegenwart und allen, die in Zukunft noch kommen werden!«

Buddhismus

»Wer im Geist das große Meer durchdrungen hat,
für den sind alle kleinen Flüsse,
die sich ins Meer ergossen haben,
darin inbegriffen«, — so lehrt Buddha.

Der Buddhist lehrt und lebt äußerste Toleranz. Er nimmt zum Beispiel keinen Anstoß daran, in christlichen Klöstern Zen-Unterweisung zu erteilen, auch wenn es ihm zustoßen kann, daß man ihm dort sein eigenes Gebet verwehrt. Aber wer könnte einem betenden Herzen verwehren zu beten?

Aus dem Orient aber wird berichtet, daß den christlichen Missionaren schon vor hundert Jahren zur Abhaltung ihrer Gottesdienste buddhistische Tempel zur Verfügung gestellt wurden.

Wahre Herrschaft liegt nicht in weltlicher Macht, sondern im Geistigen, in Güte und Erbarmen, in Selbstbemeisterung.

Im Dhammapadam heißt es:

»Nicht wer zehnhunderttausend Mann
Am Schlachtfeld überwältigt hat:

Wer einzig nur sich selbst besiegt,
Der, wahrlich, ist der stärkste Held.« (*19*, Heft 12)

»Und was ist Oberherrschaft über die Welt? Keine Gedanken der Gier, des Hasses, der Wut mehr kennen, in dieser großen Weltgemeinschaft . . .« (*6*, S. 340)

»Was aber gilt, ihr Mönche, dem Mönch als Reichtum?

Da kann, ihr Mönche, ein Mönch mit liebevollem Gemüte nach einer Richtung strahlend verweilen, dann nach einer zweiten, dann nach der dritten, dann nach der vierten, ebenso nach oben und unten: überall in allem sich wiedererkennend durchstrahlt er die ganze Welt mit liebevollem Gemüte, mit weitem, tiefem, unbeschränktem, von Grimm und Groll geklärten. Mit erbarmendem Gemüte, mit freudevollem Gemüte . . .« (*6*, S. 325)

»Mitleid« ist das Symbolwort für den Buddhismus. Liebe, Mitleid und Erbarmen sollen entfaltet werden im Sinn des Wortes aus dem Dhammapadam:

»Durch Liebe nur erlischt der Haß,
ein ewiges Gesetz ist das.« (*19*, Heft 12)

In diesem Sinne lautet das Gelübde der Bodhisattvas, erhabene Seelen, »deren Wesen Erkenntnis ist«, nicht eher in die letzte Erlösung, ins Nirvana, einzugehen, ehe nicht alle Wesen zum Heil geführt wurden.

Nach der buddhistischen Lehre können Bodhisattvas auch in der Gestalt von Heiligen und Meistern anderer Religionen erscheinen. Auch hierin kommt die universale Einstellung des Buddhismus zum Ausdruck.

Der indische König Ashoka (272-231 v.Chr.) war ein besonderer Förderer einer Harmonie der Religionen. Seine universale Gesinnung kommt in dem berühmten Felsenedikt zum Ausdruck:

»Wer immer seine eigene Religion preist und die anderen tadelt, und zwar alles aus Hinneigung zur eigenen Religion und um die eigene Sache zu verherrlichen, der schädigt, wenn er so handelt, seine eigene Religion um so mehr. Einigkeit allein frommt, daß nämlich ein jeder die andere Religion höre und gern höre.« (*19*, Heft 14)

Die buddhistische Lehre ist eine Heilsbotschaft, ihr Kern die Befreiung vom Leiden. Der Buddhist bekennt die dreifache Zufluchtsformel — Triratna; er nimmt Zuflucht zum Buddha, zur Lehre und zur Gemeinschaft der Heiligen; und das Hauptgebot der Lehre lautet: »Das Nichtverletzen anderer Lebewesen«.

»Häufig wird im Westen angenommen, der Buddhismus sei atheistisch. Buddha hat jedoch Gott (die Gottheit) nicht geleugnet, er hat es nur abgelehnt, den Gottesbegriff zu definieren, um seine Schüler vor abstrakten Spekulationen zu bewahren. Er sagte: Tut, was ich euch sage, das ist der Weg!« M.R.F. von Scholtz

Und was soll der Buddhist tun? Da heißt es im Dhammapadam:

»Vermeide jede böse Tat,
Vermehre guter Werke Saat,
Beständig läutere den Geist,
das ist der WEG, den Buddha weist.«

Zudem gibt es Aussagen bei Buddha, die das charakterisieren, was wir als das Göttliche bezeichnen:

»Es gibt, ihr Mönche, ein Ungeborenes, ein Nichtgewordenes, das durch nichts bedingt ist. Wenn, ihr

Mönche, dieses Ungeborene, Nichtgewordene, Unerschaffene, das keine Bedingung hat, nicht sein würde, so wäre auch für dieses Geborene, Gewordene, Geschaffene, aus der Bedingung Erwachsene kein Entrinnen zu finden. Weil es aber, ihr Mönche, jenes Ungeborene, Nichtgewordene, Ungeschaffene, Unbedingte gibt, darum wird für das Geborene, Gewordene, Geschaffene, von Ursachen Bedingte eine Erlösung erkannt.«*

Die Erfahrung der Wirklichkeit jenseits alles Denkbaren und Aussagbaren — so könnte man die Tiefendimension der Buddhistischen Religion kennzeichnen. Der Buddhist nennt es Leere, spricht aber auch vom »unermeßlichen Lichtglanz« — d.h. der absoluten Fülle. Der Hinduist nennt es »Brahman«. Aus der Offenheit für diese Erfahrung ergibt sich die Universalität des Buddhismus. Und — um den Gedanken weiter zu verfolgen — wer im Christentum dieser Tiefendimension zugewandt ist, wird auch bei uns fähig zu einer Universalität, die mehr, ja etwas ganz anderes ist als eine intellektuelle gute Absicht zur Solidarität.

*In China***

Der chinesischen Religiosität steht man im Abendland relativ fremd gegenüber, weil man sich auf das undogmatische Miteinander von Taoismus, Konfuzia-

* zit. b. Hans Waldenfels, »Begegnung der Religionen«, Bonn 1990, S. 151.

** Siehe auch Inge von Wedemeyer, »Konfuzius«.

nismus und Buddhismus keinen Reim machen kann.

Man hat die chinesische Religion einem gewaltigen Baum verglichen mit drei ausladenden Ästen: Taoismus, Konfuzianismus, Buddhismus — wurzelnd in der heiligen Urreligion der Vorzeit; die Krone öffnet sich dem All-Einen.

Ein Chinese geht mit dem einen Anliegen zu einem Taoisten, mit einem anderen in den konfuzianischen Tempel und mit einem dritten zum buddhistischen Priester — für ihn liegt kein Widerspruch darin.

In der Religion der Chinesen haben alle Möglichkeiten religiöser Entfaltung und Erfahrung, haben alle Stufen ihren Platz, von der schlichtesten Volksfrömmigkeit bis zur höchsten Mystik. Eben diese natürliche oder besser gesagt geistige Toleranz, die von keinem Dogma eingeengt wird, ist wohl die Hauptursache für die Kontinuität der Religion und Kultur Chinas — durch die Jahrtausende; so erwacht auch heute wieder ein Neo-Konfuzianismus und bildet die wesentliche Grundlage zur Lebensbewältigung nach Jahren schwerster Krisen. Selbst Mao Tse-tung (1893-1976) sagte seinerzeit zu seinen Genossen, sie sollten ebenso wie bei Lenin so auch bei Konfuzius in die Schule gehen!

Konfuzius (551-479 v.Chr.) sagte:

»Innerhalb der vier Meere (d.h. der Grenzen der Welt) sind alle Menschen Brüder.«

Im 13. Jahrhundert wurde der Konfuzianismus in China offizielles Staatsrecht, Religion und Sittengesetz.

Es bewährte sich, was Konfuzius selbst einst von den Ordnungen und Gesetzen sagte, die er einführte:

»Für die ganze Welt würden sie taugen.«

Tief beeindruckt waren im 17. Jahrhundert die christlichen Missionare, die nach China kamen. Es waren Jesuiten, die dann in Paris ein Werk herausbrachten, in dem Konfuzius als der Allerweiseste gefeiert wurde und in dem sie bekannten, seine Lehre stünde in keinerlei Gegensatz zum Evangelium.

Leibniz äußerte den Wunsch, es sollten nicht nur christliche Missionare nach China reisen, sondern chinesische Missionare nach Europa kommen, auf daß aus dem Gedankenaustausch in wechselseitiger Ergänzung die große Harmonie eines friedlichen Weltreiches entstehen könne.

In der Lehre vom Tao — sowohl dem des Konfuzius als auch dem des Lao-tse, die brüderlich zusammengehören — geht es um folgendes:

Das Glück des Menschen besteht darin,
in Harmonie mit dem Tao zu leben,
das heißt, den Willen des Himmels
in den Ordnungen des irdischen Daseins darzuleben.

Im Tao-te-king des Lao-tse heißt es im 16. Kapitel:

»Heimkehren zum Wurzelgrund heißt:
Stille finden.
Und dieses nennt man: sich zum Schicksal kehren.
Sich zum Schicksal kehren heißt: Ewig-Sein.
Das Ewige kennen heißt: Erleuchtet-Sein.«

Vierfach ist der Weg zum Heilsein, mit den Worten des Konfuzius:

»Richte deinen Willen auf die rechte Bahn.
Halte fest am rechten Tun.
Stütze dich auf das Gute.
Erfreue dich am Schönen.«

Und bei Lao-tse heißt es im Tao-te-king im 81. Kapitel:

»Des Himmels Weg:
Er nützt, ohne zu schaden.
Des Heiligen Menschen Weg:
Er tut, ohne zu streiten.«

Die Zarathustrische Religion

Wie bei den anderen Religionen, so kann man auch bei der Zarathustrischen ein Symbolwort anführen, das die besondere Eigenart charakterisiert, es ist »Reinheit«.

Das Glaubensbekenntnis des Zarathustriers schließt mit den Worten: »Reinheit ist der größte Segen – nein, es ist die Quelle des Glücks. Nur derjenige ist gesegnet, der sich Reinheit um ihrer selbst willen zu eigen macht.«

In Anbetung des Einen, Allwissenden Gottes, Ahura Mazda, lehrt Zarathustra: »Wer Tugend übt, wird heilig! Ein solcher Mensch wird durch gute Gedanken, Worte, Taten und rechten Glauben mit der Wahrheit vereinigt.« (*19*, Heft 13)

Der Zarathustrier bekennt, daß für ihn selber die erhabene Religion Zarathustras die beste ist, jedoch achtet er auch die Angehörigen der anderen Religionen, denn Zarathustra lehrt: »Alle Wege, wenn sie nur gut sind, führen zu Gott« (Y. 43, 1), und »Ein jeder soll selbst seine Religion auswählen, damit es sein möge, daß ein jeder am Ende glücklich ist!« (Y. 30, 2)

Religion ist der Heilsweg der Seele, und so heißt es im Wyspered:

»Um das Herz zu heilen,
pflegt darin die Liebe des Allmächtigen Gottes!
Wer die Allmacht Gottes betrachtet,
wird dadurch geheiligt.
Wer Ihn betrachtet,
wird wie ein Kind aufs neue geboren.« (67)

Die zentrale Aussage verkündet, daß Ahura Mazda, der höchste Herr, der Gott des Lichtes, Sieger über die Mächte der Finsternis sein wird.

Etwa 500 vor Christus hatte der Prophet Zarathustra im Gebiet des Iran die ihm von Ahura Mazda offenbarte Lehre verkündet. Sie breitete sich nach anfänglichen Schwierigkeiten mächtig aus; als jedoch nach mehr als tausend Jahren der Islam, aus Arabien kommend, in den Iran einbrach, flohen viele Zarathustrier gen Osten, um ihren Glauben zu bewahren. Sie wurden in Indien aufgenommen und fanden dort im Gebiet von Bombay eine neue Heimat. Dort leben noch heute etwa hunderttausend Zarathustrier, jetzt Parsen genannt.

Wohl ist die Religion der Zarathustrier universal, aber um sich in der Fremde als Gemeinschaft behaupten zu können, waren die Parsen gezwungen, sich streng abzuschließen – ohne dadurch aber die Offenheit für die Wahrheit anderer Religionen zu verlieren.

So ist der heutige Parsismus ein eindrucksvolles Beispiel für die Universalität und zugleich Exklusivität einer Religion.

Der Oberpriester im Feuertempel von Bombay, Dastur Kurshed S. Dabu, schreibt (1956):

»Weisheitsvoll hielt Zarathustra seine Unterweisungen unabhängig von Zeit und Ort, damit der Fortschritt der Menschen im Denken und Verhalten nicht von solchen Begrenzungen eingeengt würde. Er hatte universale Hochachtung für alles, was gut, wahr und schön ist in der ganzen Welt . . . In der Haftan-Yasht heißt es: ›Wir verehren und lieben alle guten Gedanken, Worte und Taten, die hier und anderswo, jetzt oder in irgendeiner zukünftigen Zeit verwirklicht werden, denn wir stehen auf der Seite der Güte und Tugend.‹ So ist die Religion Zarathustras . . . keine exklusive Insel-Philosophie, sondern eine ständig sich ausweitende und freie Synthese aller Aspekte der Wahrheit. Alles, was gut ist, gilt als Zarathustrisch! . . . In seinem feierlichen Gedenken an heilige Menschen (in der Fravardin Yasht) ruft er (Zarathustra) voller Verehrung die Seelen aus allen Ländern an, wobei er sogar Turan nennt, das der iranischen Freiheit und seinem Streben im allgemeinen feindlich gesonnen war. Wenn eine Tugend gepriesen wird, so gilt das ›für alle Menschen‹ und nicht nur für die Anhänger Zarathustras . . . Die Exklusivität der Parsen in Bezug auf Fremde — Mißbilligung der Mischehe, Verbot, den Tempel zu betreten und an den heiligen sakramentalen Ritualen teilzunehmen — muß recht verstanden werden. Die Parsen stellen eine sehr kleine Minderheit dar . . . Ihre rassischen Merkmale sind erblich, und es ist eine Notwendigkeit, ihr Blut vor der Vermischung mit anderen Völkern zu bewahren«, um ihre rassische Identität und Einzigartigkeit zu bewahren. »Jedoch haben sie Fremden stets die Möglichkeit gegeben, ihre Schriften zu studieren.

Tatsächlich sind eine große Anzahl von Gelehrten, die diese Bücher übersetzt und interpretiert haben, Nicht-Parsen . . . Im Zarathustrischen gibt es kein Copyright. Es gibt nichts, was jemanden, der nicht als Parse geboren wurde, daran hindern könnte, seine geistige Treue zu Zarathustra zu bekennen und seine Botschaft anzunehmen, denn es ist das Vorrecht jeder Seele, die Wahrheit anzunehmen, aus welcher Quelle auch immer . . . Es gibt für einen Fremden kein Hindernis, wenn er seinen eigenen Tempel und andere Vorteile für eine Gemeinde oder Sekte gründen möchte, um den Lehren der Zarathustrischen Religion zu folgen. Die Zulassung zur Gemeinde der Parsen ist aber unmöglich, weil ein Fremder sein Blut nicht ändern kann, und ein Parse muß von Parsen-Eltern geboren sein. Überdies schreiben alle Formen der Anbetung im inneren Kreis, bevor das Sakrament ausgeteilt wird, Einmütigkeit des Glaubens vor. Und ein Fremder mag nicht dieselbe Verehrung für das Feuer im Parsentempel empfinden . . . Es besteht die auf historische Tatsachen gegründete geheime Furcht vor Fanatikern, die im Iran zahlreiche Feuertempel zerstörten. So ist größte Vorsicht seitens derer erforderlich, die angesichts der Verfolgung doch an den alten Formen festhalten; naturgemäß führte das einige Zeit zur Bildung einer Art geheimer Bruderschaften.« (7)

Zum Abschluß noch zwei Anrufungen, die Zarathustra Ahura Mazda darbringt:

»O Mazda, in dem Augenblick, da ich Dich mit dem Herzen erschaute, habe ich durch die Kraft meines Geistes erkannt, daß Du der Anfang und das Ende bist, daß Du der Vater des Heiligen Geistes bist, daß Du der Schöpfer der Wahrheit und der gerechte Richter für die Taten dieser Welt bist.« Yasna 31, 8 (65)

»O Ahura, offenbare Dich mir
und gib mir Kraft durch die Liebe.« Yasna 33,12 (65)

Wahrheit ist ein Gottesname

Niemand hat die Wahrheit.
Wir alle suchen sie.
Karl Jaspers

Keiner von uns sage, er habe die Wahrheit schon gefunden. Laßt uns vielmehr so suchen, als ob sie uns beiden unbekannt sei. Wenn keiner sich anmaßt, sie schon gefunden und erkannt zu haben, dann werden wir sie gewissenhaft und einträchtig gemeinsam suchen können.
Hl. Augustinus

Die Wahrheit ist in Gott,
uns bleibt das Forschen.
Johannes von Müller

So ihr bleiben werdet an meiner Rede, so seid ihr meine rechten Jünger und werdet die Wahrheit erkennen, und die Wahrheit wird euch freimachen.
Jesus in Joh. 8, 32

Doch unter tausend Menschen ist vielleicht
Nur einer, der mit Ernst die Wahrheit sucht;
Und auch von jenen, die nach Wahrheit streben

Und sie erlangen, gibt es selten einen,
Der es erfaßt, daß Ich die Wahrheit bin.
Gott Krishna in der Bhagavad Gita 7, 3

Ich bin der Weg und die Wahrheit und das Leben;
niemand kommt zum Vater denn durch mich.
Jesus in Joh. 14, 6

Alle Heiligen Schriften der Weltreligionen bestätigen dieselbe Ewige Wahrheit, die dadurch nur noch schöner wird, daß sie in reicher Vielfalt von Sprache und Ausdruck erscheint.
M.R.F. v. Scholtz

Was ist Wahrheit? fragst du.
So zu reden, daß es bar von allem Bösen ist.
Tiruvalluvar

Die Wahrheit richtet sich nicht nach uns, lieber Sohn,
sondern wir müssen uns nach der Wahrheit richten.
Matthias Claudius

Der Mensch ist immer unterwegs, der Wahrheit entgegen. Er sucht und sucht, denn in seinem Herzen lebt die Liebe zu dem, was wirklich ist.
Hazrat Inayat Khan

Was ist Religion? . . . Sie bedeutet eine Stufenleiter, geschaffen für die Seelen, um emporzusteigen zu der Ebene, auf der die Wahrheit verwirklicht wird.
Hazrat Inayat Khan

Ich habe ihm (dem Heiligen Geist) gesagt: Ich bin Zarathustra, und so gut ich es kann, werde ich der wahre Feind der Anbeter der Lüge sein und der mächtige Beschützer der Anhänger der Wahrheit bleiben, damit ich das Reich der grenzenlosen Unsterblichkeit erreichen kann. So werde ich Dir, o Mazda, immer huldigen und Dein Lob singen!

Zarathustra, Yasna 43, 7-8 (*65*)

»Doch wahrlich, der nur ist der wahre Kenner, der die ewige Wahrheit kennt.«

»Ich möchte, Ehrwürdiger, ein wahrer Kenner werden.«

»Dann verlange nach der Erkenntnis der unendlichen, ewigen Wirklichkeit.« . . .

Nur einer, der tiefen Glauben und tiefe Ehrfurcht hat, denkt über die ewige Wahrheit nach . . .

Das Unendliche ist ewig, das Endliche ist vergänglich.

Aus den Upanischaden (*58*)

Es gibt nur Eine Wahrheit, die wahre Erkenntnis unseres äußeren und inneren Wesens, die der Kern aller Weisheit ist.

Hazrat Inayat Khan (*28*)

Wer die ewige Wahrheit schaut,
Der sieht nicht Tod, nicht Krankheit und nicht Leid,
In allem sieht er eines nur: das Selbst,
Und alles ist sein Eigen.

Aus den Upanischaden (*58*)

Führe mich vom Wahn zur Wirklichkeit!
Führe aus dem Dunkel mich zum Licht!
Führe aus Tod mich zur Unsterblichkeit!

Aus den Upanischaden (*58*)

Dialog der Religionen
Ein Blick auf die letzten zwei Jahrhunderte

Freidenkertum und Aufklärung

Durch die Jahrhunderte läßt sich in der Geschichte des christlichen Abendlandes immer wieder einmal das Aufleuchten oder Aufblitzen eines gewissen Freidenkertums beobachten. Es ist aber historisch nicht recht greifbar, denn die wesentlichen Impulse und Ereignisse wurden zweifellos im Geheimen und Verborgenen erlebt. Nicht nur, weil es zu Zeiten lebensgefährlich war, sich zu bestimmten freidenkerischen religiösen Überzeugungen und Hoffnungen zu bekennen, sondern weil es in der Natur der Sache liegt, denn wahres Freidenkertum wird von der Mystik getragen — vom Schweigen. Es geht nicht auf die Barrikaden, es proklamiert, debattiert und missioniert nicht, denn sein Wesen liegt — jenseits aller Worte — in der Gottesliebe und Gottesweisheit.

Dieses allgemeine und individuelle und geheime Freidenkertum darf also nicht verwechselt werden mit den freidenkerischen Bünden, die sich im Zuge der Aufklärung zusammenschlossen, also mit den häufig recht kämpferischen sogenannten Freigeistern. So manche Vereinigung barg aber im äußeren Gewand einen mystischen Kern, einen inneren Kreis.

Schon seit der Reformation, seit der Renaissance, traten freidenkerische Bestrebungen immer deutlicher zutage und fanden in der Aufklärung — seit dem 17. Jahrhundert — ihren offenen Ausdruck, wodurch man in weiten Kreisen immer mehr der Gefahr erlag, nur eine äußerliche Aufklärung in den Mittelpunkt zu stellen, d.h. die Abkehr von Dogma und Offenbarung, Autorität und Tradition zugunsten eigener »vernünftiger« Erkenntnis, die jedoch immer mehr lediglich im Rationalen gesucht wurde, unter Absage an den umgreifenden metaphysischen Aspekt. Hier liegen die Wurzeln zum Atheismus und Materialismus, der dann schließlich die »Ersatzreligion« des Abendländers wurde und von der auch so mancher, ohne es recht zu wissen, infiziert ist, der sich noch zu den Gläubigen zählt.

Das geheime Freidenkertum steht dazu also in krassem Gegensatz, ja, es blühte im Geheimen vielleicht nur desto inniger. Dieses geheime Freidenkertum konnte wohl nie ganz erstickt werden, auch nicht zur Zeit der Inquisition. Es wurde — einem geistigen Gesetz zufolge — immer wieder von dem sehnsüchtigen inneren Aufbruch tiefreligiöser Menschen gelebt und empfing seit altersher verborgene Impulse aus dem Morgenland.

Friedrich der Große

Zwang im Glauben erstickt die religiöse Entfaltung. Wo keine Toleranz herrscht, erstarrt die Religiosität zum Formalen. Die gebundenen Flügel der Seele erlahmen.

So war es ein lebenswichtiges Signal, das Friedrich der Große (1712-1786) setzte, als er in den preußischen Landen freie Religionsausübung einführte. Er befreite ungezählte einzelne und so manche religiöse

Gruppe von Gewissensqualen und aus lebensbedrohlicher Lage mit seinem Wort:

»Jeder kann bei mir glauben, was er will, wenn er nur ehrlich ist.«

Im allgemeinen wird nur der erste Teil dieses Satzes zitiert, noch dazu oft mit einem schnodderigen Unterton, als handele es sich hier um achselzuckende religiöse Gleichgültigkeit — »Bei mir kann jeder glauben, was er will«! Aber erst der zweite Teil des Satzes — »Wenn er nur ehrlich ist!« — gibt den wesentlichen, den kostbaren ethischen Hintergrund. Das entspricht dem Bekenntnis Zarathustras: »Alle Wege führen zu Gott, wenn sie nur gut sind!«

Im allgemeinen Preußischen Landrecht hieß es dann seither dank Friedrich des Großen:

»Jedem Einwohner im Staat muß eine vollkommene Glaubens- und Gewissensfreiheit gestattet werden. Niemand ist schuldig, über seine Privatmeinungen in Religionssachen Vorschriften anzunehmen. Niemand soll wegen seiner Religionsmeinungen beunruhigt, zur Rechenschaft gezogen, verspottet oder gar verfolgt werden.« (*19*, Heft 14)

Dies ereignete sich — und darin wird die ganze Bedeutsamkeit sichtbar — in einem Abendland, das noch Hexenprozesse führte! Der letzte fand 1782 in der Schweiz statt.

Die Ketzer- und Hexenverbrennung ist wohl das dunkelste, furchtbarste Kapitel der christlichen Kirche; Walter Nigg sprach von »totaler Sonnenfinsternis«. Erst Aufklärung und Spiritualismus brachten die Wende, und hier ist die befreiende Tat Friedrich des Großen ein epochemachendes Signal.

Ein Woge religiöser Begeisterung für die Weisheit aus dem Morgenland Herder, Rückert, Goethe, Schopenhauer, Lessing

Die sich im Zuge der Aufklärung langsam anbahnende Befreiung vom religiösen Zwang war die Voraussetzung dafür, daß es jetzt auch zu einem interreligiösen Dialog kommen konnte. So brandete in den Jahrzehnten um 1800 eine Woge der Begeisterung für die orientalische Weisheit auf.

Johann Gottfried Herder begründete durch seine Übersetzungen das Verständnis für die Kulturen und Religionen anderer Völker.

Friedrich Rückert übersetzte orientalische Dichtung, vor allem die Persischen Sufi-Mystiker sowie Teile des Koran.

Goethe verehrte den persischen Mystiker Hafis als einen Heiligen, dichtete den West-östlichen Divan und schrieb: »Gottes ist der Orient — Gottes ist der Okzident!«

Arthur Schopenhauer bekannte: »Jeden Morgen bade ich meinen Geist in der überwältigenden kosmogonischen Philosophie der Bhagavad Gita, seit deren Entstehung viele Jahre der Götter vergangen sind und im Vergleich zu welcher unsere moderne Welt und Literatur kümmerlich und trivial erscheinen.«*

Gotthold Ephraim Lessing schrieb — im Rahmen des Dramas »Nathan der Weise« — die Parabel von den drei Ringen, Symbol für Judentum, Christentum und Islam. Welcher der Ringe, so die Frage, ist der

* Siehe Inge von Wedemeyer, »Sri Krishna und Jesus Christus«.

echte? Vom echten heißt es, er besäße die Wunderkraft, seinen Besitzer vor Gott und den Menschen angenehm und beliebt zu machen! Quod erat demonstrandum — was zu beweisen war und ist — einst wie heute! (*19*, Heft 6)

Diese Streiflichter seien als nur einige der Höhepunkte des zündenden geistigen Aufbruchs genannt!

Das ist die Aufklärung, die sich am Himmel — einem weit offenen Himmel — orientiert, und die in der Romantik noch ihre besondere mystische Vertiefung erfuhr, so z.B. in Leben und Werk des Dichters Novalis, der das Ende der »Aufklärung« beschwört, indem er schreibt:

»Wenn nicht mehr Zahlen und Figuren
Sind Schlüssel aller Kreaturen . . .
Wenn sich Licht und Schatten
Zu echter Klarheit wieder gatten
Und man in Märchen und Gedichten
Erkennt die wahren Weltgeschichten,
Dann fliegt vor *einem* geheimen Wort
Das ganze verkehrte Wesen fort.«

Und da ist zum anderen eben »das verkehrte Wesen« der Aufklärung, die sich — ebenfalls mit vehementem Schwung — in die Sklaverei der nur-materialistischen Sicht hineinmanövrierte. Ihr ging es also nicht etwa um eine Befreiung zu vertieftem, universalen Verständnis der Religionen, sondern um die »Befreiung« von jeglicher Religion durch Verherrlichung der weltlichen Vernunft; man feiert das, was man aus dieser Sicht als »gesunden Menschenverstand« bezeichnet.

Zugleich aber entfaltete sich unbeirrt die universale Geistigkeit und geistige Evolution immer intensiver.

Atheismus und universale Gläubigkeit rangen sozusagen Brust an Brust, aber von Anfang an stand und steht fest, wer der Sieger sein wird, so furchtbar und langwierig der Kampf auch sein mag. Die Bhagavad Gita sagt hier das entscheidende Wort und sei stellvertretend für viele andere der großen Überlieferungen nochmals zitiert:

»So wisse denn: Unsterblich ist der Geist,
der alles Lebens Kraft und Ursach' ist.
Er kann nicht untergehen, niemand kann
des Daseins Grund, das Ewige, vernichten.« (*3*, 2, 17)

Dabei ist es für jeden einzelnen ganz persönlich und individuell immer wieder die Frage, ob er sich für das Sterbliche oder das Unsterbliche entscheidet und damit zur Zerstörung und Selbstzerstörung beiträgt oder aber zur Entwicklung im Sinne des Universalen Heilsplans, wie ihn alle großen Religionen verkünden.

Auch die Darwinsche Evolutions- oder Abstammungslehre steht im Zeichen des Materialismus, im Zeichen eines materiellen Fortschrittes, der das Denken und Wirken des Abendländers bald immer mehr beherrschte.*

Im materialistischen Evolutionsgesetz geht es um die siegreiche Macht des Starken. Dem entgegen steht das geistige Evolutionsgesetz, in dem es um die Macht des Guten, den letztgültigen Sieg des Guten als des tatsächlich Stärkeren geht; religiös ausgedrückt mit den Worten Zarathustras: »Das Schönste und Lobenswerteste von allem aber ist dies, daß Du, o Ahura Mazda, über alles siegen wirst.« (*65*, Yasna 32, 16)

* Siehe Inge von Wedemeyer, »Weltformel Liebe«.

Theosophie

Von den zahlreichen Bemühungen um die Entfaltung einer Universalen Theosophie sollen im folgenden nun einige Beispiele gebracht werden, ein paar Streiflichter auf die Fülle der größeren und kleineren bahnbrechenden Ereignisse.

Jede Religion ist ein Aspekt und ein Meilenstein zur Verwirklichung der geistigen Evolution der Menschheit, zu der Befreiung zu einer Universalen Theosophie und Ökumene.

Theosophie ist die Weisheit oder das Wissen um Gott und die hingebende Liebe zu Ihm. Theosophie ist eine mystische Lehre von Gott und der Welt, gewonnen durch visionäre Schau und Offenbarung, durch authentische religiöse Erfahrung im Herzen. Theosophie ist ein höheres Wissen um die Geheimnisse der göttlichen Schöpfung durch unmittelbare Schauung.

Im Abendland sind hier — neben so manchen anderen — Jacob Böhme, Emanuel Swedenborg, die Rosenkreuzer zu nennen.

Theosophie ist mystisch, daher ist ihre Erfahrung naturgemäß universal. Da aber der Kern jeder Religion mystisch und universal ist, steht sie in keinerlei Gegensatz zu den verschiedenen Religionen, sondern meint deren eigentliche Tiefe.

Die Theosophische Gesellschaft

Im Jahre 1875 wurde in New York eine »Theosophische Gesellschaft« gegründet, die — stark von indischen Lehren beeinflußt — vor allem im asiatischen Kulturkreis wurzelt und auch heute noch in vielen Gruppen aktiv ist.

Der Zweck dieser Gesellschaft war und ist, »einen Kern zu bilden, um den die Ideen einer allgemeinen Menschenverbrüderung, ohne Unterschied der Nationalität, des Glaubens, der Religion usw. kristallisieren und die Ideale der Menschheit sich verwirklichen.« Auf dieser Grundlage soll es gelingen, daß sich Christen und »Heiden«, Brahminen, Buddhisten, Moslems und Juden und Freidenker der verschiedenen Gruppen zusammenfinden — jeder im Geiste seiner Religion und Überzeugung, jedoch unter dem verbindenden Wort: »Es gibt keine höhere Religion als die Wahrheit« — dem Wahlspruch Kaiser Akbars (1542-1605), unterwegs zu einer Universalen Theosophie.(*22*)

Der Kongreß der Weltreligionen in Chicago im Jahre 1893

Seit dem letzten Jahrzehnt des vorigen Jahrhunderts kamen wieder — und nun häufig in aller Öffentlichkeit — bedeutende geistige Lehrer aus dem Morgenland ins Abendland. Es kamen allerdings auch Scharlatane — in Scharen, aber das war und ist nur natürlich, denn nicht zuletzt ist es dem Unverstand der Abendländer selbst zuzuschreiben, wenn gewisse negative Elemente angezogen werden und Hochkonjunktur haben.

Die westliche Welt schaut neugierig, aber auch skeptisch, begeistert oder achselzuckend, voller Sorge und Ablehnung, aber auch Hoffnung auf das, was da aus dem Osten hereinflutet.

Ein weltweit weiterwirkendes bedeutsames Ereignis fand im Jahre 1893 in Chicago im Rahmen der Kolumbus-Weltausstellung statt: der große Kongreß der Weltreligionen.

»Die Krönung der Weltausstellung von 1893 sollte nicht in der Präsentation der materiellen Triumphe, der industriellen Errungenschaften und technischen Siege des Menschen bestehen, so großartig ihre Darstellung auch sein möge. Der Geist der Erleuchtung und des Fortschritts unserer Zeit erfordert etwas Höheres und Edleres« — einen Kongreß der Weltreligionen, den Aufbruch zu einem Weltparlament der Religionen! (Charles Bonney, *9*)

Der Widerstand gegen das kühne Projekt war nicht gering, denn der populären Anschauung nach waren in den Augen allzu vieler »die nichtchristlichen Völker umnachtete, rückwärts gewandte Heiden . . .« Es sollte sich dann aber zeigen, daß es nichts anderes als ein Zeichen von Unwissenheit ist, wenn man die alte indische Weisheit kritisiert.

Der Zweck des Kongresses lag nicht im Debattieren, sondern es ging darum, »alle Religionen gegen die Irreligion zusammenzuschließen; die Goldene Regel zur Grundlage des Zusammenschlusses zu machen und die guten Taten des religiösen Lebens als Zeichen der substantiellen Einheit vor Augen zu führen.«

Die »Goldene Regel«, die in allen Religionen gelehrt wird, lautet:

Was du nicht willst, daß man dir tu,
das füg' auch keinem andern zu.

Oder mit den Worten des Matthäusevangeliums (7,12):

»Alles nun, was ihr wollt, daß euch die Leute tun sollen, das tut ihr ihnen auch. Das ist das Gesetz und die Propheten.«

Bei der Eröffnung des Parlaments der Religionen sagte Charles Bonney: »Wir kommen zusammen in gegenseitigem Vertrauen und Respekt, ohne im geringsten etwas von dem aufzugeben oder zu verwässern, was wir für die Wahrheit oder unsere Pflicht halten, und in der Hoffnung, daß gegenseitiges Kennenlernen und ein freier und ehrlicher Gedankenaustausch über die großen Fragen des ewigen Lebens und des menschlichen Verhaltens für alle von Segen sein wird.«

Einen außerordentlichen Eindruck machten die Gelehrten aus Indien, auch Gandhi war gekommen. Die »Heiden« waren tatsächlich die geistigen Sieger und gewannen die Sympathie und Bewunderung der Masse der Teilnehmer. Von nun an bestand durch die Wirkung dieser Persönlichkeiten eine tragfähige Brücke vom Osten zum Westen, vom Westen zum Osten.

Aus der Rede Swami Vivekanandas

Das größte Ereignis des Weltkongresses der Religionen war die Rede Swami Vivekanandas, des Meisterschülers eines der größten indischen Heiligen der Jetztzeit, Sri Ramakrishna, der das ihm so wichtige Anliegen einer Harmonie der Religionen nach der Gepflogenheit des Ostens in ungezählten Gleichnissen anschaulich gemacht hat. So schrieb er einmal:

»Wie Wasser von verschiedenen Völkern mit verschiedenen Namen bezeichnet wird, ... so wird das Eine Sat-Chit-Ananda, das Absolute, Sein-Erkenntnis-Seligkeit, von einigen ›Gott‹ angerufen, von anderen ›Allah‹, von diesen ›Hari‹ und wieder von anderen ›Brahman‹.«

Swami Vivekananda, der junge Mönch, Priester des Brahmanismus, gekleidet in die schlichte orangefarbene Robe, trat auf mit gelassener, bescheidener und gleichwohl achtunggebietender Haltung. Hier ein Auszug aus seiner Rede:

»Vom hohen Geistesflug der Vedanta-Philosophie, deren Echo die neuesten wissenschaftlichen Entdekkungen zu sein scheinen, bis zu den niederen Vorstellungen des Götzendienstes mit seiner vielfältigen Mythologie — einschließlich des Agnostizismus der Buddhisten und des Atheismus der Jains — hat alles in der Religion der Hindus seinen Platz.

»Wo denn, so fragt man sich, wo ist die gemeinsame Mitte, in der all diese weitverstreuten Strahlen zusammenlaufen? Welches ist die gemeinsame Grundlage dieses scheinbar unauflöslich Widerspruchsvollen? Gerade diese Frage will ich zu beantworten suchen.

»Die Hindus empfingen ihre Religion durch Offenbarung, durch die Veden. Sie sind der Meinung, daß die Veden ohne Anfang und Ende sind. Es mag lächerlich scheinen, daß ein Buch ohne Anfang und Ende sein soll. Doch mit den Veden sind keine Bücher gemeint. Sie sind der aufgespeicherte Schatz an Geistesgesetzen, die von verschiedenen Menschen zu verschiedenen Zeiten entdeckt worden sind. Wie das Gesetz der Schwere vor seiner Entdeckung bestand und weiterbestehen würde, selbst wenn die Menschheit es vergäße, so verhält es sich auch mit den Gesetzen, die im Reiche des Geistes herrschen. Die moralischen, ethischen und geistigen Beziehungen zwischen Seele und Seele, zwischen den Einzelseelen und dem Vater aller Seelen bestand vor ihrer Entdeckung und wird bestehen bleiben, selbst wenn wir sie vergäßen. Die Entdecker dieser Gesetze heißen Rishis, und wir verehren sie als vollkommene Wesen. Einige der größten unter ihnen waren Frauen ...

»Die Veden lehren die Göttlichkeit der Seele, die nur Gefangene der Materie sei. Vollkommenheit werde erreicht mit der Zerreißung dieser Fesseln, und das Wort, das sie dafür brauchen, ist deshalb ›mukti‹ — Freiheit, Befreiung von den Fesseln der Unvollkommenheit, von Not und Tod.

»Diese Fesseln können nur durch Gottes Gnade fallen, und diese Gnade wird nur dem Reinen zuteil. Darum ist Reinheit die Bedingung für Seine Gnade. Wie ist jene Gnade wirksam? Er offenbart sich dem Menschen reinen Herzens; der Reine und der Makellose schauen Gott, ja, in diesem Leben schon, und dann, dann allein wird alle Verkehrtheit des Herzens geschlichtet. Dann endet aller Zweifel. Der Mensch ist nicht länger Spielball eines furchtbaren Gesetzes von Ursache und Wirkung. Dies ist das eigentliche Kernstück, die wirklich lebendige Konzeption des Hinduismus...

»Einer ist, auf dessen Geheiß die Winde wehen, das Feuer brennt und der Tod über die Erde schreitet. Und welches ist sein Wesen? Er ist allgegenwärtig, der Reine und Gestaltlose, der Allmächtige und Allbarmherzige. Du bist unser Vater, Du bist unsere Mutter, Du bist unser geliebter Freund, Du bist die Quelle aller Kraft; gib uns Kraft. Du bist Der, welcher die Lasten des Weltalls trägt; hilf uns, die kleine Last dieses Lebens zu tragen. So sangen die Rishis in den Veden. Und wie ist Ihm Anbetung darzubringen? Durch Liebe. Anbetung sei Ihm als dem einzigen Geliebten, teurer als alles in diesem und dem zukünftigen Leben. Dies ist die in den Veden verkündete Lehre von der Liebe ...

»Für den Hindu ist also die Religion nichts anderes als die Wanderung, der Aufstieg verschiedenartiger Männer und Frauen durch mannigfaltige Zustände und Verhältnisse hindurch zum gleichen Ziel. Jede Religion entwickelt aus dem vergänglichen Menschen den unvergänglichen Gott, und es ist der gleiche Gott, der alle Religionen inspiriert ...

»Sollte es aber jemals eine universale Religion geben, so muß es eine sein, die weder an Ort noch an Zeit gebunden ist; die unendlich wie der Gott ist, den sie verkündet; deren Sonne scheinen wird über die Nachfolger Krishnas und Christi, über Heilige und Sünder; die nicht brahmanisch, christlich oder mohammedanisch ist, sondern die Zusammenfassung alles diesen, und die trotzdem noch unendlichen Raum für eine Entwicklung hat; die in ihrer Universalität mit allumfassenden Armen alle Menschen umschließen und Raum für sie haben wird, vom niedrigsten, tiefstehenden Wilden, der vom Tier nicht weit entfernt ist, bis zum höchststehenden Menschen, der kraft der Vorzüge seines Geistes und Herzens schon fast über der Menschheit thront, so daß die Menschen in ehrfürchtiger Scheu zu ihm aufschauen und daran zweifeln, daß er ein menschliches Wesen ist. Es wird eine Religion sein, die in ihrem Gemeinwesen nicht Raum für Verfolgung und Unduldsamkeit hat, die in jedem Mann und jeder Frau das Göttliche erkennt, und deren ganze Kraft sich darauf richtet, der Menschheit zur Verwirklichung ihrer wahren göttlichen Natur zu verhelfen.« (*59*, S. 6, 16, 14 und 25 ff.)

Hundert Jahre ist es her . . .

Hundert Jahre ist es her, daß der Kongreß der Weltreligionen in Chicago tagte. Der gewaltige geistige Impuls, durch den er ermöglicht wurde und der ihn getragen hat, wirkt seither weiter. Von Ost nach West, von West nach Ost hat sich ein lebendiges Bemühen um Verstehen, um ein Miteinander entfaltet, wenngleich neben dem ehrlichen Streben doch auch manche Sophisterei im Wege steht. Vor allem tun sich manche Christen noch immer schwer. Hierzu ein Wort von Ananda Coomaraswamy, zitiert im Kommentar zum 2. Vatikanischen Konzil (*68*, S. 478).

»Man kann unsere Stellung gegenüber Christen und anderen Gläubigen in dem Satz zusammenfassen: Selbst wenn ihr nicht auf unserer Seite seid, sind wir auf der euren; und das ist etwas, was uns all euer Eifer nicht nehmen kann.«

Im Rig Veda heißt es:

»Vereint kommet, vereint redet,
laßt eure Geister übereinstimmen! . . .
Laßt vereint sein euer Streben, vereint eure Herzen!
Laßt vereint euren Geist sein,
auf daß ihr wohlverbunden seid . . .
Friede — Friede — Friede.«

Ungezählte kleinere und größere Initiativen markieren den Weg des neuen Miteinander der Religionen, und als neuen Höhepunkt wird für das Jahr 1993 zur Hundertjahrfeier des Weltkongresses von Chicago wieder ein Kongreß der Weltreligionen* einberufen. Eines seiner Ziele lautet: »Den Geist der Harmonie zu ermutigen und in Offenheit und gegenseitigem Respekt die reiche Verschiedenheit der Religionen zu feiern.« Wohlbemerkt heißt es nicht etwa »zu diskutieren«, sondern zu »feiern«! Es wird angestrebt, das ›Weltparlament der Religionen‹ zu einer ständigen Institution zu machen, in dem geistige Persönlichkeiten von besonderem Format den Geist der Toleranz, der Gottesliebe und Gottesweisheit, der Anbetung und Menschlichkeit pflegen und verbreiten. Man möchte große Hoffnungen an dieses Ereignis knüpfen, zumal in den vergangenen hundert Jahren vieles geschehen ist, um den Weg des Miteinander zu ermöglichen. Einige wichtige Stationen mögen im folgenden noch gewürdigt werden, auch wenn es unmöglich ist, alle Initiativen zu nennen oder gar zu Wort kommen zu lassen.

Weltkongreß für Freies Christentum

Im Jahre 1910 fand in Berlin ein »Weltkongreß für Freies Christentum und religiösen Fortschritt« statt. Hier sprach u.a. der Hindu-Gelehrte Vasvani, der von

* Adresse: Council for a Parliament of the World's Religions, P.O.Box 377760, Chicago, Illinois 60637–9998, USA.

der Bruderschaft der Menschheit sagt, sie sei anzusehen »als der Sohn Gottes«. (*24*)

Vasvani sagte:

»Die Weltreligionen sind nicht Konkurrenten, sondern sie sind Brüder. Warum schließen wir uns nicht zusammen und bilden eine Familie des Glaubens zur Ehre des Vaters, der in ihnen allen wirksam ist? . . . In meinen Träumen sehe ich schon den Tag, an dem die getrennten Weltreligionen in einer Kirche sich vereinigen, in der freien allgemeinen Kirche der Harmonie. In dieser Harmonie werden alle Töne der einzelnen Kirchen zusammenklingen: vom Hinduismus die Immanenz Gottes und die Solidarität des Menschengeschlechtes, vom Christentum die Vaterliebe Gottes und der Weg des Kreuzes, vom Islam die Erhabenheit und transzendente Einheit Gottes, vom Buddhismus der ethische Idealismus und die Erfüllung des Willens Gottes im Dienst am Nächsten, vom Zoroastrismus die Reinheit Gottes in Gedanken, Worten und Werken. Aus allen diesen Tönen zusammen wird eine neue Harmonie erklingen, welche die Welt noch nicht kennt, aber nach der sie sich sehnt, welche die Söhne und Töchter des Ostens und Westens zu hohen Taten der Liebe begeistern und der Welt den Frieden bringen wird — die Harmonie des Neuen Bundes. — Wir (Hindus) träumen von dem Tage, da die Völker des Westens das Wesen des Neuen Bundes der Göttlichen Gnade erfassen und diese Botschaft annehmen werden, die Botschaft von der Einen Religion, die allen Religionen zugrunde liegt, von dem Einen Logos, der durch alle Propheten geredet hat, von dem Einen Wort, das in allen Kirchen gepredigt wird, von dem Einen Geist, der aus allen Heiligen Schriften spricht, von dem Einen Vater, der in der gesamten Menschheit gegenwärtig und wirksam ist. An dem Tage werden die brennenden Fragen ihrer Kultur gelöst sein und eine neue Epoche der Weltgeschichte beginnen.« (*24*)

Hazrat Inayat Khan kommt in die westliche Welt (26-29)

Im Jahre 1910 kam der Sufimystiker Pir-o-Murshid Hazrat Inayat Khan (1882-1927) aus seiner indischen Heimat in die westliche Welt und verbreitete die klassische Botschaft des Sufitums. Er nannte es die »Botschaft von Liebe, Harmonie und Schönheit«. Der Impuls, den er vermittelte, wirkt kraftvoll weiter und überzeugt, im wahrsten Sinne des Wortes, weit mehr als Worte es je tun können. Es wird den Menschen das Tor geöffnet, durch das sie den Pfad beschreiten können.

Das Sufitum hat im Geheimen — seit undenklichen Zeiten aus dem Osten einströmend — im Westen seine Wirkung getan, nicht zuletzt im inneren Freidenkertum.

Jetzt aber war es offensichtlich so weit, daß die Lehren offen — oder doch offener — ausgesprochen werden können, daß der Westen »reif ist für die Botschaft«, die ihn zur Menschenbruderschaft aufruft und ermutigt. Dabei lag es Hazrat Inayat Khan besonders am Herzen, den Abendländer auf die Tiefe der eigenen christlichen Religion hinzuweisen, in der er letztlich alles finden kann, wenn es ihm aus der Kraft universaler, mystischer Geistigkeit heraus wieder erschlossen wird.

Eines der wichtigsten Anliegen Hazrat Inayat Khans war, eine Form für die gemeinsame Anbetung der Menschen verschiedener Religionen zu finden, also einen ganz konkreten, praktischen Weg zur Verwirklichung der Universalen Ökumene.

So stiftete Hazrat Inayat Khan einen »Universellen Gottesdienst«, über den der Religionswissenschaftler Friedrich Heiler schreibt:

»In den Gottesdiensten der Sufi-Society liegen auf dem Altar die heiligen Bücher der verschiedenen Religionen, denen die Lesungen entnommen werden. Zu Beginn des Gottesdienstes werden sieben auf dem Altar stehende Kerzen entzündet, von denen sechs die Religionen der Hindus, Buddhisten, Zoroastrier, Juden, Christen und Muslime symbolisieren, während die siebte denen geweiht ist, die, bekannt oder unbekannt, das Licht der Wahrheit hochgehalten haben.« (*24*, S. 880)

Zweifellos bedeutet jede Form eines Gottesdienstes eine Institutionalisierung und damit deren Gefahr und deren Segen. Der Segen wird stets von dem vermittelt, der fähig ist, den Dienst in wahrhaft priesterlichem Geiste würdig zu erfüllen.

Tatsächlich darf dieser »Universelle Gottesdienst« als Auftakt und Vorbild für die gemeinsame Anbetung der Gläubigen aller Religionen angesehen werden, nicht zuletzt durch die gemeinsame Anrufung, die auch zu den täglichen Gebeten der Schüler von Hazrat Inayat Khan gehört:

»Dem Einen entgegen,
der da ist die Vollkommenheit
der Liebe, der Harmonie und der Schönheit,
der All-Einige,
vereint mit all den Erleuchteten Seelen,
die den Meister, den Geist der Führung, verkörpern.«

Das könnte gleichsam das Losungswort sein, unter dem sich alle, denen es von Herzen um eine Harmonie der Religionen, um die Menschenbruderschaft geht, zusammenfinden.

Damit nicht genug, Hazrat Inayat Khan lehrte zudem die Zehn Sufi-Gedanken, die das Wesentliche der Religion an sich charakterisieren, sodaß auch sie für Angehörige aller Glaubensbekenntnisse gültig sind — wenn sie eine bestimmte Stufe der Toleranz und geistigen Offenheit erreicht haben:

1. *Es gibt nur Einen Gott*,
den ewigen, den Einzig Seienden; nichts besteht außer Ihm.

2. *Es gibt nur Einen Meister*,
den führenden Geist aller Seelen, der alle, die ihm folgen, unablässig dem Lichte entgegenführt.

3. *Es gibt nur Eine Heilige Schrift*,
das heilige Buch der Natur, die einzige Schrift die den Leser erleuchten kann.

4. *Es gibt nur Eine Religion*,
den unentwegten Fortschritt in der rechten Richtung, dem Ideal entgegen, durch das der Lebenszweck einer jeden Seele erfüllt wird.

5. *Es gibt nur Ein Gesetz*,
das Gesetz der Gegenseitigkeit, das von einem selbstlosen Gewissen, verbunden mit einem erwachten Gerechtigkeitsgefühl, erfüllt werden kann.

6. *Es gibt nur Eine Bruderschaft*,
die Menschenbruderschaft, die ohne Unterschiede die Kinder der Erde in der Vaterschaft Gottes vereinigt.

7. *Es gibt nur eine Moral*,
die Liebe, die der Selbstverleugnung entsprießt und im Wohltun aufblüht.

8. *Es gibt nur einen Gegenstand des Lobes*,
die Schönheit, die das Herz des Anbeters durch alle Erscheinungen hindurch vom Sichtbaren zum Unsichtbaren erhebt.

9. *Es gibt nur eine Wahrheit*,
die wahre Erkenntnis unseres äußeren und inneren Wesens, die der Kern aller Weisheit ist.

10. *Es gibt nur einen Pfad*,
den der Auflösung des falschen Ego im wahren Selbst, welches den Sterblichen zur Unsterblichkeit erhebt, der alle Vollkommenheit innewohnt.

Diese Zehn Sufi-Gedanken umfassen tatsächlich alles Wesentliche, um das es bei dem Inneren Leben, bei dem Aufstieg auf der Jakobsleiter geht, gültig für alle Menschen, auch wenn das Bewußtsein erst langsam zu gewissen Erkenntnissen erwacht.

Wenn es in den Sufi-Gedanken heißt: »Es gibt nur Einen Gott«, so ist der Ewige, Einzigseiende, der/das Eine gemeint. Wenn es heißt: »Es gibt nur Eine Religion« und »Eine Wahrheit«, so ist die Ur-Religion gemeint und die Ur-Wahrheit, also die Ur-Erfahrung, die allen Religionen zugrunde liegt und von der alle getragen werden, in welcher Form sie sich auch in der Welt manifestieren mag.

Noch eine Kostbarkeit der universalen Lehre von Hazrat Inayat Khan ist zu nennen: das Friedensgebet. Mit der siebenfachen Bitte »Gib Deinen Frieden, o Herr!« stellt es die Stufen und Aspekte der Schulung auf dem Inneren Pfad dar und ist ebenfalls von archetypischer Gültigkeit. Es hebt an mit der Bitte:

»Gib Deinen Frieden, o Herr, der vollkommen und ewig ist, auf daß unsere Seelen Frieden ausstrahlen mögen!«

Und es schließt mit der Bitte:

»Gib Deinen Frieden, o Herr, unser Vater und Mutter, auf daß wir, Deine Kinder auf Erden, uns vereinigen mögen in einer einzigen Bruderschaft!«

Aufbruch in den religiösen Weltraum

Noch tun die Christen sich schwer mit der christlichen Ökumene. Aber Friedrich Heiler, von den Religionswissenschaftlern wohl einer derjenigen, der von tiefer universaler Toleranz und geistiger Weite zeugte, ist nicht der einzige, der auch bei den Christen einen Vorstoß in eine — wie er es nennt — »neue ökumenische Dimension, sozusagen über die Grenzen der

Christenheit hinaus in den religiösen Weltraum« sieht.

Für Friedrich Heiler ist die eine heilige Kirche nicht nur die »Una Sancta Christianorum«, sondern die »Una Sancta Religionum«. Für ihn gehören auch die Nicht-Christen zur »Herde Christi«, nach dem Wort Jesu: »Und ich habe noch andere Schafe, die sind nicht aus diesem Stalle; und dieselben muß ich herzuführen, und sie werden meine Stimme hören, und wird *eine* Herde und *ein* Hirte sein.« (Joh. 10, 16). Unter dieses Wort stellte Friedrich Heiler eine Predigt, die er im Jahre 1963 in der Schloßkirche zu Marburg gehalten hat. Er, der evangelische Theologe, lebte die christliche Ökumene so überzeugend, daß viele nicht wußten, ob er nun eigentlich katholisch oder evangelisch sei. (*25*)

Friedrich Heiler ging es auch nicht darum, Nicht-Christen unsere westlichen Kirchenformen aufzunötigen, es ging ihm nicht um Missionierung und Bekehrung, sondern um Begegnung im Geiste wahrer Religion, d.h. »im Licht der Liebe«. Er bekannte, daß er auf seinen Reisen im Orient nie einen Hindu, Buddhisten oder Moslem abfällig über Jesus habe reden hören. Diese Nicht-Christen, so erkannte er, glauben an Gott, an den Einen Gott, und sie glauben, beten, hoffen, opfern und lieben wie die Christen. So sollten wir erkennen, daß sie zu allererst unsere Brüder und Schwestern sind, und sollten — wie sie — auf unser Panier das Wort schreiben: »Wir wünschen allen Wesen Wohl!«

Aus der Sicht des interreligiösen Gesprächs muß auch die Frage nach christlicher Missionierung ganz neu durchdacht, durchlebt werden. Schon immer war es so, daß Missionare, die von der Tiefe und Schönheit der anderen Religion beeindruckt waren, letztlich nicht mehr zur Mission taugten.

Eine besondere Last ist es auch, wenn man sah und sieht, wie sich mit dem Christentum zugleich die Weltanschauung des westlichen Materialismus mit seinem Profitdenken in das Missionsland einschleicht, sowie die höchst fragwürdigen Errungenschaften unserer Zivilisation, durch die die ökologische Grundstruktur des bis dato noch intakten Landes angegriffen, wenn nicht sogar zerstört wird. Über »Mission als Verführung« — auch zu einem höheren Lebensstandard — muß sehr ernst nachgedacht werden.

Man darf auch nicht die Augen davor verschließen, daß jenes »Matthei am Letzten« ein späterer Zusatz war: »Gehet hin und lehret alle Völker und taufet sie im Namen des Vaters und des Sohnes und des Heiligen Geistes . . .« (Matth. 28, 19), der sogenannte Missionsbefehl.

Auch hat es die Taufe als gleichsam kirchliche Sitte oder Aufnahme in die Kirche zu Jesu Zeiten nicht gegeben.

Eine weitere Schwierigkeit bedeutet es, daß die große Doxologie ursprünglich nicht lautete: »Im Namen des Vaters und des Sohnes und des Heiligen Geistes«, sondern folgendermaßen: »Im Namen des Vaters, *durch* den Sohn, *im* Heiligen Geist.«

Und doch möchte man annehmen, daß Jesus seine Jünger, d.h. die kleine Schar der Auserwählten, tatsächlich ausgeschickt hat, die Lehre zu verbreiten, so wie das ja auch heute noch die geistigen Lehrer und Meister tun, wenn der Schüler die entsprechende Stufe der Entwicklung erreicht hat.

Aber was ist denn die Lehre? Eine Lehrmeinung? Ein Dogma? Die Lehre ist die Verwirklichung der Gottes- und Nächstenliebe. Die Lehre liegt nicht in Worten, sondern darin, daß vom wahren Priester »Ströme lebendigen Wassers« ausgehen, Segen und Heilkraft, die er empfängt und weitergibt.

Und was ist denn Taufe? Der Taufschein ist nicht eine Art Parteibuch, das zum Mitglied einer Gemeinschaft stempelt. Sondern Taufe ist eine Wirklichkeit im Herzen. Die Taufe ist ein Impuls, eine Einweihung, die nur jene erteilen können, die den Heiligen Geist empfangen haben und daher fähig sind, den heiligen Impuls, durch den die im Gläubigen schlummernden seelisch-geistigen Kräfte aktiviert, konkret »in Gang« gesetzt werden, zu vermitteln, wenn der Schüler reif dafür ist und bereit für den Inneren Pfad.

Aus diesen Gedankengängen erkennt man, wie notwendig Mission »im eigenen Haus« wäre; man erkennt, was bei uns in der Ausübung des Christentums im allgemeinen noch fehlt. Es fehlt also nicht etwa an unserer Religion, sondern bei uns selbst. Ja, man hat im eigenen Haus genug zu tun, d.h. im eigenen Herzen und mit dem Balken im eigenen Auge.

Hier geht es um die Echtheit, um die Glaubwürdigkeit eines Glaubens, der sich nicht auf Formeln und Formen beruft, geschweige denn auf Eifer und Rechthaberei, sondern heilvolle Kraft ausstrahlt — auch und gerade ohne Worte. Das allein ist das gültige Kriterium. Religiöses Leben bedeutet Heiligung des Lebens. Der Mensch der Seligpreisungen ist heilig. Die Apostel waren Heilige.

So antwortet Papst Johannes Paul II., dem so sehr am interreligiösen Dialog gelegen ist, mit seiner neuen Enzyklika über die Mission (1991) tatsächlich auf ein dringendes Problem! Er schreibt: »Der Glaube verlangt die freie Zustimmung des Menschen. Aber er muß angeboten werden.« Und weiter: »Ihr Völker alle, öffnet eure Tore für Christus. Sein Evangelium tut der Freiheit des Menschen der anderen Kulturen und allem Positiven in jeder Religion keinen Abbruch und zollt ihm gebührende Achtung.«

Wie soll der Missionar das verwirklichen? Zumal die Völker des Ostens, wie wir gesehen haben, Jesus aufrichtig verehren. Wie ist es einem Missionar möglich, sein »Angebot« nicht als Nötigung oder gar Verführung vorzutragen?

Manche — vor allem auch Laien — lehnen die Missionierung wegen der unlösbar scheinenden Fragen rundheraus ab. Aber man sollte nicht »das Kind mit dem Bade ausschütten«. Hier kann man viel vom Buddhismus lernen, der — ohne eifervoll zu missionieren — Europa mit dem Geist des Zen als einer universalen Strahlkraft erhellt und durchtränkt. Es gibt auch nicht wenige christliche Geistliche, die von diesem Geist zutiefst angerührt sind, zumal nicht etwa Konversion von ihnen verlangt wird.

Und das größte und edelste Vorbild auf christlicher Seite ist heute wohl Mutter Teresa, die nun schon seit

Jahrzehnten ihren demütigen, heiligen Dienst in Indien versieht. Und besonders erfreulich, daß man ihr heute vollste Anerkennung und Bewunderung zollt.

Die christliche Mission wird vor allem von denen abgelehnt, die nicht mehr davon überzeugt sind, daß die christliche Kirche die alleinseligmachende ist, eine Auffassung, die sich erst seit dem 2. Jahrhundert nach Christus immer mehr durchsetzte. Man hält es — vor allem was die Laien anbelangt — heute gerne mit der Ansicht Karl Jaspers', der gesagt hat: »Der Ausschließlichkeitsanspruch (einer Religion) ist Menschenwerk und nicht auf Gott gegründet, der dem Menschen viele Wege zu sich geöffnet hat.«

Auch in theologischen Kreisen wird heute von vielen die Meinung vertreten, der Dialog zwischen den Religionen solle die Mission ablösen.

Alle diese Fragen können letztlich nur von jedem einzelnen beantwortet werden, kraft eines sehr tiefen Glaubens, einer sehr tiefen Begegnung mit Jesus Christus und wachem Verantwortungsgefühl.

Da steht dann auch die Frage nach wahrer Katholizität, ein Begriff, der im Bereich der neueren vergleichenden Religionswissenschaft doch recht eindeutig herausgestellt wird. Katholisch bedeutet ja »allgemein«, ganzheitlich, umfassend. Der Kampf und das Bemühen um eine geistige Universalität einerseits und eine dogmatische Fixierung andererseits durchzieht die ganze Geschichte der christlichen Kirche und hat auch zu schwerstem, höchst unchristlichen Blutvergießen geführt.

Die einen sehen in der Universalität das wahre Christentum, die anderen haben sie dem Christentum vorgeworfen. Hierzu gehört ja auch die Aufnahme vorchristlicher Vorstellungen und Religionsbräuche in den Bereich des Kultes der Kirche. Betrachtet man die Geschichte unvoreingenommen, kann man sehen, wie die verschiedenen geistigen Ströme des Altertums im Christentum zusammenfließen und sich vereinigen — im besten Sinne synkretistisch.

Hierzu noch ein Wort des Exjesuiten George Tyrell (1861-1909), das hier und jetzt im interreligiösen Dialog besondere Bedeutung hat: »Es scheint, daß das, was der katholischen Kirche so oft zum Vorwurf gemacht wird, ihre mannigfache Berührung mit nichtchristlichen Religionen, mit dem Judentum, dem griechisch-römischen und ägyptischen Heidentum, gerade einer ihrer größten Ruhmestitel und Vorzüge ist. Wir fühlen gern, wie der Saft des Lebensbaumes in unseren Adern aus den verborgenen Wurzeln der Menschheit aufwallt. Dies fühlen, sich im letzten Sinn einig wissen mit allen Religionen der Welt, anerkennen, daß sie alle, wie schwach auch immer, erleuchtet sind von dem einen Logoslicht, das heißt katholisch sein; das heißt, sich über den Geist enger Abgeschlossenheit und Sektenbildung erheben, ohne irgendwie in Gleichgültigkeit zu verfallen; das heißt der Schüler dessen sein, der, während er glaubte, daß das Heil den Juden gehöre, bei den Samaritern und den Heiden so starken Glauben fand, wie sonst nirgends in Israel.« (*24*)

So möchte man hoffen, daß kraft einer religiösen Erneuerung von innen her neue, heilsame Wege sichtbar und gangbar werden. Und eben dazu wird der interreligiöse Dialog vieles beitragen, denn er wird weiterhin so manchen tiefgehenden Impuls bringen.

Daher sollen im folgenden noch einige Beispiele aus der Fülle der ökumenischen Ereignisse seit den Tagen des Weltkongresses in Chikago Erwähnung finden.

Dialog der Religionen in Madras

Im Jahre 1984 kamen in Madras/Indien auf Initiative des evangelischen Theologen Michael von Brück (*4*) für eine Woche Mystiker, Philosophen, Wirtschaftswissenschaftler und Politiker aus verschiedenen Ländern und Religionen zusammen, um im Dialog zu dem »Bewußtseinswandel« beizutragen, durch den sich die Sehnsucht des Menschen nach Ganzheit und Heil und das Bemühen um eine wache Verantwortung für die Welt, vor allem aber die Liebe zu allen Wesen verwirklichen kann.

Michael von Brück nannte die kreativen Synthesen von Kulturen und Religionen die Sternstunden der kulturellen Entwicklungsgeschichte der Menschheit.

In seiner Grußbotschaft sprach Papst Johannes Paul II. von der »Universalität der transzendenten Berufung des Menschen«.

Der 14. Dalai Lama — Tanzin Gyatsu — sprach in seiner Rede davon, daß Liebe und Güte die Ursachen für geistigen Frieden sind und daß »Liebe und heilende Hinwendung« die Kräfte und Elemente sind, durch die wir zu einer Bruderschaft der Menschheit finden können, ja, daß »Liebe und heilende Hinwendung« die Universale Religion sind. Weltfrieden kann nur entfaltet werden durch geistigen Frieden, den jeder im eigenen Herzen zur Reife bringen muß.

Der 14. Dalai Lama war es auch, der brüderlich einstimmt in den Chor der Aussagen bedeutender geistiger Persönlichkeiten, wenn er sagte: »Jede Religion stellt einen einzigartigen Beitrag dar und dient den Menschen, die Welt in einer ganz bestimmten Weise zu verstehen. Nicht eine einzige Religion darf fehlen.« Noch einmal: Interreligiöser Dialog will nicht Konversion, sondern Begegnung — und Reifung des Herzens.

Wesentliche Dinge wurden aufgezählt, die zur Verwirklichung einer heilvollen multireligiösen Gesellschaft führen können: die Verwirklichung der Religion im eigenen Herzen, d.h. die Gottes- und Nächstenliebe, eine daraus erwachsende Toleranz, sodann die Respektierung der Eigenarten anderer religiöser Gemeinschaften.

Bei diesem Treffen in Madras wurde das deutlich, was heute immer mehr bei den interreligiösen Begegnungen in den Vordergrund tritt: Die tiefsten Möglichkeiten zur Verwirklichung der Menschenbruderschaft liegen in der gemeinsamen Meditation, in der gemeinsamen Anbetung!

Der Weltgebetstag für den Frieden in Assisi

Es war ein epochales Ereignis, als Papst Johannes Paul II. im Jahre 1986 fünfzig Vertreter christlicher Kirchen und fünfzig führende Persönlichkeiten aus anderen Religionen zu einem Weltgebetstag für den Frieden nach Assisi einlud.

Stets sind es »die Oberen«, die die Hauptverantwortung tragen. Es war der Sanskritist Friedrich Max Müller (1823-1900), der seinerzeit schon schrieb: »Die religionsgeschichtliche Forschung sollte dazu führen, daß eine Elite von Angehörigen der verschiedenen Religionen zu einer Einigung der Religionen findet durch die Rückkehr zu deren tiefsten, gemeinsamen Wurzeln.« (*24*)

Wenn »die Oberen« bereit und fähig sind zur gemeinsamen Anbetung des Einen All-Einen, zum gemeinsamen Friedensgebet in brüderlicher Eintracht, werden sie auch in der noch unabsehbar großen Aufgabe, das multireligiöse Leben auf universaler Ebene in gute Bahnen zu führen, immer wieder Wege und Mittel dazu finden, ohne dabei die Gläubigen durch falsch verstandene »Aufklärung« zu verstören, zu überfordern, zu beirren, zu schockieren, sodaß es gelingen kann, daß jeder in seiner Religion, auf welcher Stufe der Entwicklung er auch stehen mag, den Kult einer gemeinsamen Anbetung vollziehen kann.

In Assisi allerdings betete jeder Vertreter sein Friedensgebet in seiner Sprache und im Rahmen seiner Religion. Das war sehr kostbar, aber ein gemeinsames Friedensgebet gab es noch nicht.

Es wurden in führenden katholischen Kreisen sogar Stimmen mit dem folgenden Tenor gehört: »Es gibt keine Weltgemeinschaft aller Religionen.«

In seiner Rede vom 27. Oktober 1986 aber sagte Papst Johannes Paul II. in Assisi: »Meine Brüder und Schwestern, Führer und Vertreter der christlichen Kirchen und kirchlichen Gemeinschaften und der

Weltreligionen, liebe Freunde! . . . Zum ersten Mal in der Geschichte sind wir von allüberall zusammengekommen an diesem heiligen, dem Heiligen Franziskus geweihten Ort, um vor der Welt, jeder entsprechend seiner eigenen Überzeugung, vom transzendenten Wert des Friedens Zeugnis zu geben . . . Entweder lernen wir, in Frieden und Harmonie miteinanderzugehen, oder wir werden vom Wege abgetrieben und zerstören uns selbst.«

Botschaft des Papstes an die Muslime

Den Geist der Brüderlichkeit und Eintracht atmet auch die Botschaft an die Muslime der Welt, die Johannes Paul II. anläßlich des Festes Id ul-Fitr am Ende des Fastenmonats Ramadan am 16. April 1991 aussprach:

»An meine geliebten muslimischen Brüder und Schwestern, jedes Jahr hat bislang der Päpstliche Rat für den Interreligiösen Dialog eine Grußbotschaft im Namen aller Katholiken rund um die Welt an die Muslime anläßlich Ihres Festes des Fastenbrechens am Ende des Monats Ramadan gesandt. In diesem Jahr habe ich mich wegen der tragischen Ereignisse der vergangenen Monate um den Konflikt und den Krieg im Vorderen Orient und wegen des unausgesetzten Leids so vieler Menschen dazu entschlossen, diese Grüße selbst zu schicken.« Er bringt ausführlich Anteilnahme und Solidarität zum Ausdruck und schließt mit den Worten, die einer seiner Vorgänger, Papst Gregor II., 1076 an Al-Nisar, den muslimischen

Herrscher in Bijāya im heutigen Algerien schickte und mit denen — fast tausend Jahre später — nun auch seine Empfindungen übereinstimmen:

»Der allmächtige Gott, der will, daß jeder gerettet werde und keiner verloren sei, billigt nichts in uns so sehr wie — nach der Gottesliebe — die Nächstenliebe und daß wir das, von dem wir nicht wollen, daß man uns tue, auch nicht anderen zufügen. Ihr und wir schulden uns diese gegenseitige Liebe, besonders weil wir an Gott glauben und den Einen bekennen, zugegebenermaßen auf verschiedene Weise, und ihn täglich preisen und verehren, den Schöpfer und Herrscher dieser Welt.«

»Oratio Dominica«

Ein wichtiges Ereignis im Bemühen um den interreligiösen Dialog stellt die von Theophil Herder-Dorneich gegründete Stiftung »Oratio Dominica« unter Leitung von Walter Strolz dar.

Der existentielle Anstoß liegt in der allgemeinen religiösen Umbruchstimmung, in der man zu vertiefter Besinnung auf die eigene Religion und zur Hinwendung zu den anderen Religionen schicksalhaft bewegt wird.

In der »Oratio Dominica« geht es um Begegnung nicht nur der nicht-christlichen Religionen, sondern auch der Begegnung mit der Wissenschaft. Auch hier — im schönen Bibliothekssaal des Herder-Verlages in Freiburg — waren es wichtige Persönlichkeiten, die sich zu »Weltgesprächen« und im Geist ökumenischer Weltverantwortung trafen.

Da die Vorträge in Buchform herausgebracht wurden, liegt ein hochqualifiziertes Kompendium vor. Einige der Autoren seien aufgezählt: Günter Stemberger, Hans Urs von Balthasar, Alfons Rosenberg, Richard Gramlich, Abdoldjavad Falaturi, Rudi Paret, Annemarie Schimmel, Heinrich Schipperges. Die Themen: Das Vaterunser, Religiöse Grunderfahrungen, Drei Wege zu dem Einen Gott, Mystische Erfahrung, Wer ist Jesus Christus? — und andere mehr.

Besonders erwähnenswert ist der Beitrag des Forschungsprofessors für jüdische Theologie in Cincinnati/Ohio (USA) Jakob J. Petuchowski: »Melchisedek — Urgestalt der Ökumene«. Nach Hebräer 7, 15 war Jesus Priester »nach der Art Melchisedeks«, eines nicht-hebräischen Priesters des Höchsten Gottes. Er vertritt die Gottesfürchtigen, die »Gerechten« unter den nicht-israelitischen Völkern. Damit ist auf ein ewiges Priestertum hingewiesen, ein göttliches Priestertum, das seit Anbeginn der Welt von Gott auf Erden eingesetzt war. Da geht es um das kosmische Priestertum der Ur-Tradition, wonach rechtmäßiges, echtes Priestertum stets aus der ewigen Gottheit stammt — denn, so Petuchowski: »Das religiöse Leben der gesamten Menschheit, welche Namen sie auch Gott beilegt und welche Kultakte sie auch durchführt, ist im tiefsten Grunde auf Gott gerichtet.«

Unterwegs . . .

Es wäre noch vieles zu berichten, können im Rahmen dieses Buches doch nur Streiflichter gebracht werden, die zu weiterem Studium anregen, vor allem aber als Signale der Hoffnung genommen werden dürfen. Wir sind »Unterwegs zu einer Harmonie der Religionen«, und viele bedeutende Persönlichkeiten wirken unermüdlich in diesem Sinne, nicht zuletzt im Ringen um eine dem ursprünglichen christlichen Glauben entsprechende, neue Christologie. Ebenso sind ungezählte Gläubige in aller Stille — innerhalb und außerhalb der Gemeinden — um eine tiefe Erneuerung von innen her bemüht, um einen »glaubwürdigen Glauben«, wie Johannes Paul II. es nannte.

So sei das Kapitel über den Dialog der Religionen nun abgeschlossen mit einer Strophe aus der Bhagavad Gita und einem apokryphen Wort Jesu:

»Wer durch der Weisheit Auge klar erkennt,
wie sich der Geist vom Stoffe unterscheidet,
und wie sich Licht und Dunkelheit bekämpfen,
der folgt dem Licht
und geht zum Frieden ein.« (13, 34)

»Allen Menschen ist es gegeben,
an das Licht zu glauben!«

Der Weg zum Frieden

»Wir wünschen allen Wesen Wohl!«

»O Friedensstifter!
Bevor du versuchst,
rings in der Welt Frieden zu stiften,
schaffe erst Frieden in dir selbst.«*

Es kann erst Frieden in der Welt werden, wenn die Religionen in Frieden und Harmonie zusammenstehen. Jede der Religionen bekennt sich zu der großen Aufgabe, Frieden zu stiften, und die Weisheitslehrer der Menschheit sind die »Friedensschaffer« (wie es, richtig übersetzt, in Matth. 5, 9 heißt).

Es kann erst Frieden in der Welt werden, wenn die Gläubigen sich aufrichtig um Mitmenschlichkeit bemühen — »Wir wünschen allen Wesen Wohl!«

Es wird der Frieden in der Welt sich entfalten, wenn wir die ganze Menschheit als Eine Familie unter Göttlicher Herrschaft verstehen.

Es wird sich der Frieden in der Welt anbahnen, wenn wir die Probleme nicht mehr nur in Dollar umrechnen und fixieren — und damit »unbezahlbar« machen, sondern wenn wir als erstes die Gesinnung fördern und pflegen — im eigenen Herzen — »Laß mich ein Werkzeug Deines Friedens und Deiner Freude sein, o Herr!«

Es bahnt sich der Frieden in der Welt an, wenn sowohl das tägliche Leben als auch das interreligiöse

* Wenn nicht anders angegeben, stammen die Zitate in diesem Kapitel von Hazrat Inayat Khan (*26-29*)

Gespräch von echtem Glauben getragen wird. Echter Glaube allein eint die Herzen und Hände.

Was ist echter Glaube im Sinne der ganzen Menschheit, im Sinne aller Religionen?

Die anbetende Hinwendung zu dem Einen, sei er nun personal oder nichtpersonal genommen. Die anbetende Hinwendung zu dem Einen, der uns heilt, und die heilwirkende Hinwendung zur Welt — das heißt Gottesliebe und Nächstenliebe.

Anbetende Hinwendung! Das können und dürfen und sollten wir jetzt, heute, immer verwirklichen! In welcher Religion wir auch stehen, wir alle wenden uns in der Anbetung »nach oben«, gleichsam zum Gipfel des Berges, auf den — von verschiedenen Seiten — uns alle der Weg führt.

In Hinwendung zu diesem »Gipfel«, zum »Einen«, übersteigt man alle Verschiedenheiten und Unterschiede. Man erfährt sich geeint in dem Einen, durch den Einen und wird erfüllt und gestärkt von dem Einen. Jeder erlebt das auf der Stufe seiner Entwicklung, und doch erleben es alle, die guten Willens sind, gemeinsam — von der schlichtesten Frömmigkeit bis zu höchster mystischer Erfahrung. Für alle gilt der Aufblick »zu den Bergen, von denen uns Hilfe kommt«, unsere Hilfe kommt von dem Einen Herrn.

Wir alle wandern »Dem Einen entgegen!«

In diesem Sinne stellt das Friedensgebet von Pir-o-Murshid Hazrat Inayat Khan prägnant zusammengefaßt den Schulungsweg dar, den steilen Weg vom Fuß des Berges zum Gipfel,den Weg, auf dem man in Selbstprüfung und Selbsterziehung, rufend und gerufen, lernt, alle Hindernisse und Beschwerlichkeiten zu ertragen, zu überwinden, aufsteigend zur Dimension des Friedens, zur mystischen Vision der Gottesliebe.

Dieses Friedensgebet ist von archetypischer Gültigkeit. In der siebenfachen Bitte »Gib Deinen Frieden, o Herr!« erschallt der Sehnsuchtsruf der ganzen Menschheit.

Das Friedensgebet

Gib Deinen Frieden, oh Herr,
der vollkommen und ewig ist, auf daß unsere Seelen Frieden ausstrahlen mögen.

Gib Deinen Frieden, oh Herr,
auf daß unser Denken, Sprechen und Handeln in Einklang sein möge.

Gib Deinen Frieden, oh Herr,
auf daß wir zufrieden und dankbar sein mögen für Deine reichlichen Gaben.

Gib Deinen Frieden, oh Herr,
auf daß wir inmitten unseres weltlichen Streites uns Deiner Seligkeit erfreuen mögen.

Gib Deinen Frieden, oh Herr,
auf daß wir alles ertragen, alles erdulden mögen im Gedanken an Deine Gnade und Barmherzigkeit.

Gib Deinen Frieden, oh Herr,
auf daß unser Leben dem göttlichen Bilde entsprechen möge und alle Dunkelheit in Deinem Lichte vergehe.

Gib Deinen Frieden, oh Herr,
unser Vater und Mutter, auf daß wir, Deine Kinder auf Erden, uns vereinigen mögen in einer einzigen Bruderschaft.

Amen.

Der Schulungsweg

Jeder Mensch sehnt sich nach Frieden; und mancher fragt sich auch aufrichtig, was er selber zum Frieden beitragen könnte und sollte.

Ja, jeder Mensch sehnt sich nach Frieden; selbst die ruhelosesten Unruhestifter sehnen sich letztlich nach Frieden, wenngleich sie ihn meist mit ungeeigneten Mitteln zu erobern oder zu erzwingen versuchen.

Und jene, denen es ernstlich um Frieden zu tun ist? Selbst sie sind immer wieder einmal ein Herd der Unruhe — und wissen es oft gar nicht.

Es gibt nur wenige Menschen, deren innerer Friede so tief und gefestigt, verankert und bewußt ist, daß sie zu wahren Friedensschaffern werden. Es sind jene reifen und hochentwickelten Menschen, jene Meisterseelen, von denen es heißt, daß sie allein nützen, ohne zugleich zu schaden (*37*, Kap. 81). Sie erfüllen den Frieden, bei dem das Wohlergehen des einen nicht auf

Kosten eines anderen erkauft wird. Ihr Wesen und Wirken stiftet auch dann Frieden, wenn das äußerlich nicht jedem Auge sichtbar wird.

Ihre Liebe gleicht einer Friedenssonne, die alles erhellt und ernährt, was sie bescheint — »Gerechte und Ungerechte«, gute und böse Menschen, ohne alles Verdienst, daher ist sie eine immer neue Chance und Aufforderung, sich für den Weg des Friedens zu entscheiden.

Von den Friedensschaffern heißt es: »Wird das Menschenherz von Gottesbewußtsein erfüllt, so wird es wie das Meer und dehnt seine Wellen Freund und Feind entgegen.« Die Friedenssonne scheint für alle Wesen, es ist jedoch die Frage, ob und wie jeder einzelne dieses Licht bereitwillig empfängt und bereitwillig weitergibt.

Die Meister sind bemüht, aus jedem Herzen — es mag noch so versteinert sein — den Funken der Liebe zu schlagen. Für jeden ist Hoffnung, wenn er sich aufrichtig nach der »Friedenssonne« sehnt, um selber in seinem Lebensbereich, er mag noch so klein und unscheinbar sein, eines Tages zum stillen Lichtträger des Friedens werden zu dürfen.

Gedankliche Auseinandersetzung, Gespräch, Dialog, ja sogar Diskussion, Verständigung und Erklärung, Deutung und offenes Fragen — all das ist bis zu einem gewissen Grade notwendig, aber es fesselt meist doch auf einer bestimmten intellektuellen Ebene, auf der es im allgemeinen auch nur eine bedingte Gemeinsamkeit geben kann.

Religion ist erst dann wirklich Religion, dynamisches geistiges Geschehen, wenn man »den Pfad«

beschreitet. Dafür haben zu allen Zeiten die Heiligen und Meister der Menschheit gewaltige, weiterwirkende Impulse vermittelt, kraft derer das »Rad der Lehre« in Gang gesetzt, der »Göttliche Funke« entfacht wurde, das heiligste Geheimnis in Herz und Seele des Menschen aufleuchtet.

Daher auch das brüderliche Verstehen aller Weisheitslehrer untereinander, weil sie einander in diesem Licht begegnen und erkennen. Es sind immer erst die intoleranten Nachfolgenden, die dieses Licht noch nicht sehen können und daher eifervoll Verschiedenheiten und Gegensätze herausarbeiten.

Hazrat Inayat Khan hat die klassische Botschaft und Lehre im »Friedensgebet« zusammengefaßt. Die sieben Bitten enthalten alles, was der Suchende auf dem Pfad des Inneren Lebens beherzigen sollte. So kann man dieses inspirierte Gebet als umfassende esoterische Schulung erfahren, als Lehrmeister für Gemüt, Herz, Seele und Geist. Eine kosmische, metakosmische Vision des Friedens!

Die erste Bitte:
»Gib Deinen Frieden, o Herr, der vollkommen und ewig ist, auf daß unsere Seelen Frieden ausstrahlen mögen.«

»Sobald im Innern Friede geschaffen ist, hat der Mensch genügend Kraft und Macht, den Stürmen des Lebens standzuhalten — innen und außen.«

Mit der ersten Friedensbitte ist die Grundhaltung des Menschen auf dem Friedenspfad, dem Wahrheitspfad, dargestellt. In Hinwendung zu dem Einen empfangen, um dann geben zu dürfen! Die Sehnsucht nach Frieden findet ihren ganzen Sinn, wenn man sich nach der Fülle sehnt, um davon austeilen zu können — als Werkzeug Gottes. Was man nicht hat, kann man aber nicht geben — und so bittet man: »Gib Deinen Frieden, o Herr!«

»Das erwachte Herz sagt: ›Ich muß geben und darf nichts verlangen‹, so erreicht es ein Tor, das wahrlich zu bleibendem Glück führt.«

Ist das Herz zum Frieden, im Frieden erwacht, muß man keine künstlichen Anstrengungen machen, keinen missionarischen Eifer anheizen, um Frieden zu verbreiten, sondern strahlt den Frieden so selbstverständlich aus wie die Sonne ihr Licht — und jeder empfängt davon so viel, wie er kann und darf.

Die zweite Bitte:
»Gib Deinen Frieden, o Herr, auf daß unser Denken, Sprechen und Handeln im Einklang sein mögen!«

In harmonischem inneren und äußeren Einklang unbeirrt auf das Ziel ausgerichtet sein! Aber auch beim besten Willen handelt man oft, ohne mit ganzem Herzen dabei zu sein, oder man hat gute Vorsätze, ohne sie entschlossen in die Tat umzusetzen. Oder man drückt sich sogar um diese und jene Aufgabe oder vertuscht vor sich selber, daß die Absicht nicht so lauter ist, wie sie sein sollte.

Wie schwer ist es, seine Gedanken und Gefühle stets im Zaum zu halten! Meist handelt man mehr unwillkürlich, gewohnheitsgemäß oder spontan, statt achtsam und bewußt.

Wie schwer ist es, das Herz immer mehr zu reinigen, damit man bis in die unwillkürlichen Reaktionen hinein das Rechte will und tut! Man halte Gott demütig sein Herz hin — auf daß er es reinigt, auf daß er vollbringt, was mit unserem eigenen Wollen und Laufen allein nicht gelingen kann! »Herr, laß mich erkennen, was ich tun soll, und schenke mir die Kraft und das Herz, es zu tun.«

Sehr schwer ist es, mit einer Schuld zu leben, von der man meint, sich nicht befreien zu können — befreien lassen zu können. So eine Schuld läuft gewissermaßen weiter, man kann sie nicht wegräumen. Man »sündigt« weiter, weil es keinen Ausweg zu geben scheint — mancher meint, nie wieder froh werden zu können, weil dies oder jenes auf seinem Gewissen lastet.

In der Welt leben bedeutet, schuldig zu werden. Und die Welt vergibt nicht, sondern schlägt zurück. Das gilt es auszuhalten, ohne noch tiefer schuldig zu werden, und ohne zu verzweifeln.

Die Welt vergibt nicht, aber Gott vergibt, wenn wir uns mit der ganzen Kraft des Herzens an Ihn wenden. Er vergibt, indem Er uns heilt. Und dann bahnen sich neue Wege an —

Im Alten Testament heißt es: »Herr, ich bin fröhlich, denn ich suche Deine Befehle!« Das ist der heilsame Weg.

Die dritte Bitte:
»Gib Deinen Frieden, o Herr, auf daß wir zufrieden und dankbar sein mögen für Deine reichlichen Gaben!«

Dankbar und zufrieden trotz aller Schicksalsnot — der eigenen und der ringsum in der Welt? Wie kann das gelingen — es sei denn, man spielt Vogel Strauß und steckt den Kopf in den Sand, es sei denn, man betäubt sich auf diese oder jene Weise?

Die Meister lehren das Gebet: »Herr, segne alles, was wir in Dankbarkeit entgegennehmen!« Alles! Ja, es wird gesegnet, *wenn* und *weil* man es in Dankbarkeit entgegennimmt. Wer aber mag sich auf diese völlig unvernünftig erscheinende Haltung einer bedingungslosen Dankbarkeit einstellen? Und selbst wenn man es möchte — kann man es denn?

Danken für alles! Für Glück und Leid, Freude und Not! Denn — so belehren uns die Meister — das Schicksal hält für jeden genau das bereit, was er braucht, um durch dessen Bewältigung Fehler abzulegen, das Gemüt zu reinigen und zu erstarken. Wer diese Zuversicht und Gewißheit gewonnen hat, wird immer bereitwilliger und gelassener durch die Schicksalsnöte hindurchgehen und über sie hinaussteigen.

»Was geschehen ist, ist geschehen;
wo ich hindurch muß,
darüber werde ich mich erheben;
dem Kommenden
gehe ich mutig und gelassen entgegen.«

Wir sind nicht nur unseres Glückes, sondern auch unseres Unglückes Schmied, auch wenn wir die

Zusammenhänge nicht übersehen und verstehen können. Die Ursachen können vielleicht auch in längst vergangenen, aber noch nicht bestandenen Zeiten liegen. Aber danach sollte man nicht graben; denn dadurch verliert man den klaren Kopf und die sichere Hand, um in eben diesem Jetzt und Augenblick das zu tun, was zu tun ist und uns von Herz und Kopf sinnvoll eingegeben wird.

Zufrieden und dankbar! Wer dankbar ist, findet zum Frieden; — wer gelassen und zufrieden ist, wird immer dankbarer. Eines bedingt, steigert und entzündet das andere!

Selig, wahrhaftig selig, mit »tanzender Seele«, wie der Ausdruck für diese mystische Erfahrung lautet, betete Hazrat Inayat Khan:

»Wie soll ich Dir, mein König, danken
für die Fülle Deiner Gaben!
Unschätzbar ist eine jede Deiner Gaben,
o mein großmütiger Herr!
Du hast mit sanftem Hauch
den Funken in meinem Herzen
zur Flamme entfacht.
Mein leisestes Flüstern ist Dir vernehmlich.
Deine eigene Sprache hast Du mich gelehrt
und zu lesen die Zeichen Deiner Schrift.«

Rechtes Denken und Danken steigen aus derselben Wurzel im Herzen auf. Und Danken ist zugleich Geloben — Gelöbnis zum geistigen Dienen aus Dankbarkeit, das heißt zum wahren Gottes-Dienst mit jedem Atemzug. Eines Tages wird jeder Atemzug zur Lichtbrücke in die geistige Welt. Die Seele erwacht.

»Die Seele ist der Göttliche Atem. Er reinigt, belebt immer wieder aufs neue und heilt das Werkzeug, durch welches er wirkt.«

Wer dankbar ist, sucht den Willen Gottes, und so ist Dankbarkeit das Sprungbrett in die geistigen Welten.

Geistiges Dienen ist Verwirklichung der Dankbarkeit, denn Dankbarkeit ohne Tun ist genauso tot wie Glaube ohne Werke.

Dankbarkeit ist ein frohes und zugleich demütiges »Ja, Herr, ich danke Dir; ja, Herr, hier bin ich!«

»Ja, Herr, gebrauche mich für den Zweck, den Deine Weisheit erwählet!«

»Ja« sagen zum Leben, so wie es ist, weil man unerschütterlich weiß: »Gott will uns wohl!«

Die vierte Bitte:

»Gib Deinen Frieden, o Herr, auf daß wir inmitten unseres weltlichen Streites uns Deiner Seligkeit erfreuen mögen!«

Diese Bitte ist die Mitte des Friedensgebetes. Sie kündet von dem mystischen Wunder des Herzens, das von keiner irdischen Vernunft begriffen werden kann.

Es ist ja das Herz, das zur Stätte des Friedens werden soll, ein Tempel des Friedens. Und es ist das Herz, in dem die Seligkeit erwacht. »Selig sind, die reines Herzens . . .«

Diese Bitte kündet davon, wie sich das erwachte Herz trotz aller Not, in allem Leid, mitten im Lebenskampf dennoch der Göttlichen Seligkeit erfreuen kann und darf.

Das erwachte Herz wird sich durch die inständige und dankbare Liebe zu Gott so seiner Verankerung in Ihm bewußt, daß der beseligende Strom vom Dort zum Hier nicht mehr abreißt. Das Dort und Hier, Jenseits und Diesseits ist ja eine Einheit. Das entwikkelte Bewußtsein kann es erkennen.

Nur wenn Licht und Liebe in uns selbst entzündet sind, können wir Licht und Liebe weitergeben. Wenn wir inmitten unseres irdischen Streites dieses Licht in uns weiterleuchten lassen, können wir in anderen Licht entzünden.

Einerseits wird das erwachte Herz das Leid der Mitmenschen immer stärker mitfühlen und erkennen, auf der anderen Seite kann man nun ganz anders helfen und beistehen. Dieses Miteinander von Mit-Erleiden und Trösten — gleichsam Weinen und Lachen zugleich — ist wieder eines der rational nicht begreifbaren und erklärbaren Erfahrungen. Könnte unser Herz aber nicht mitfühlen, so würde es den Leidenden gar nicht beachten, würde es sich gar nicht betroffen fühlen und könnte nicht trösten.

Trösten kann man nur, insoweit man selbst getröstet ist; Zuversicht schenken nur insoweit man selber zuversichtlich ist; geben nur, was man empfangen hat. Nicht weinen mit den Weinenden, um nicht »ihres Kummers Pflanze noch zu nähren«, sondern still und demütig hell sein für die anderen!

Und das Streiten in dieser Welt? Es soll nicht ein Kämpfen gegen Menschen, gegen ungute Zustände sein, sondern ein Kampf, in dem wir unsere eigenen unguten, hinderlichen, eigenwilligen Eigenschaften durch die Hinwendung zum Göttlichen Licht überwinden und auflösen. Darum sagt Hazrat Inayat Khan: »Das Streiten mit anderen löst Krieg aus, der Kampf mit dem eigenen (niederen) Ich dagegen bringt Frieden herbei« — auch wenn es in dieser Welt immer wieder Situationen gibt, in denen wir energisch durchgreifen müssen. Man tue in demütiger Selbstlosigkeit, was getan werden muß! Die Bhagavad Gita sagt hierzu: »Wer selbstlos handelt, der verdirbt sich nicht . ..«

Hierzu sagte Johannes Paul II. in einer Friedensbotschaft (1987): Es geht darum, uns »ein neues Herz« zu schaffen. Wer aber den Frieden will, wird, »so paradox es klingt — jeden Pazifismus zurückweisen, der nur Feigheit oder eine simple Wahrung der Ruhe sein würde«. In diesem Sinne forderte er auch die Völker auf, den Krieg »so radikal wie möglich« als Mittel zur Konfliktlösung zu ächten. Gleichzeitig aber unterstrich er das Recht jedes Volkes und jeder Regierung, Existenz und Freiheit gegen einen ungerechten Angreifer zu verteidigen.

Was für eine schwere Verantwortung ist uns in jedem Augenblick damit auch in unserem eigenen Leben gegeben! Es ist zweifellos auch eine Frage der individuellen Entwicklung, und das Tun oder Lassen des einen muß keineswegs auch für den anderen gelten.

Der Papst betonte auch, er könne nicht die Lösung der Probleme des Friedens liefern, wohl aber könne er den »Geist« beschreiben, der die Lösung ermögliche: den Geist der Demut, des Gesprächs, der Achtung, der Gerechtigkeit und Brüderlichkeit.

Es ist der Geist und das Streben, das zu einer

Erneuerung von innen her führt, zur Schaffung des »neuen Herzens«.

In den Stürmen der Welt kämpfen, feststehen und bestehen, indem wir alle Waffen loslassen, außer den »Waffen des Lichts«! Jesus sagte: »In der Welt habt ihr Angst, ich aber habe die Welt überwunden!«

Die Erfüllung der vierten Friedensbitte liegt im Mysterium der Verklärung.

Die fünfte Bitte:
»Gib Deinen Frieden, o Herr, auf daß wir alles
ertragen, alles erdulden mögen in Gedanken an
Deine Gnade und Barmherzigkeit!«

Mit dieser Bitte fordern wir uns selber auf: Ertrage die Not! Erdulde die Feindschaft! Laß ab vom Kampf!

Wenn man der Not, der Feindschaft, dem Übel, dem Streite Widerstand leistet, gießt man Öl ins Feuer. Druck erzeugt Gegendruck. Empörung heizt die unselige Situation auf, man gibt seine Lebenskraft her, um die Lage letztlich zu verschlimmern. Leidenschaft schafft Leiden! Zorn und Eifer nähren den Streit. Meutern vergiftet das Herz.

»Nicht der Aufgeregte ist im ständigen Lebenskampf erfolgreich, wohl aber der Friedfertige, der alles duldet und alles vergibt, der alles versteht und alle Dinge assimiliert — «

Assimilieren bedeutet hier Verwandeln, das Dunkle zum Licht führen und befreien. Sei Lichtträger und Lichtbringer, denn im Licht löst sich alle Not!

Lernen wir also, unbeirrt die Waffen des Lichts zu ergreifen, mit Herz und Hand. Es sind Güte, Hoffnung, Demut und Stille, es sind Vertrauen, Standhaftigkeit, Gelassenheit und Dankbarkeit.

Die Stille ist der Unruhe Herr, die Güte des Kampfes Meister — die Wogen glätten sich, ein Licht zündet das andere an.

Die unwillkürliche Reaktion des Menschen ist allerdings meist die des Widerstandes, Härte gegen Härte, Schlagabtausch. Wie kann man von diesen unwillkürlichen Reaktionen frei werden? Zunächst indem man sie nicht mehr für unbedingt richtig hält. Auch wenn man sinnvoll in Betracht ziehen muß, daß es eine Frage der Entwicklung ist, wenn man noch nicht fähig ist, gleich dem Heiligen König Daniel, den Löwen in der Grube durch seine bloße Gegenwart zu zähmen.

Eines aber wird immer deutlicher bewußt: Tiefer als die unwillkürlichen Reaktionen der Härte ist in jedem Menschen das Urvertrauen ins Licht, das Urvertrauen in Gottes Gnade und Barmherzigkeit. Und so wird man, wenn man um den Göttlichen Frieden bittet, mit der Zeit auch fähig, wieder aus diesem Urvertrauen zu leben, aus dem eigentlichen Wesensgrund. Und schließlich wird man nicht nur in bewußter Mühe, sondern auch unwillkürlich mit den Waffen des Lichtes, den Waffen des Friedens kämpfen und siegen.

Die sechste Bitte:
»Gib Deinen Frieden, o Herr, auf daß unser Leben
dem Göttlichen Bilde entsprechen möge und alle
Dunkelheit in Deinem Lichte vergehe!«

Jede der Friedensbitten ergibt sich — fortschreitend — aus der vorangegangenen. Und so wird nun dem, der mit den Waffen des Lichtes zu kämpfen bemüht ist, die Bitte um ein Leben nach dem Göttlichen Bilde nahegelegt. Was können und dürfen wir uns darunter vorstellen?

Die Meister sagen, der Mensch sei nach dem Ebenbilde Gottes erschaffen, nach dem Bilde dessen, den kein Menschengeist ermißt, den kein Menschengeist sich erdenken oder vorstellen kann. Und sie künden von den Eigenschaften Gottes — Er ist die Vollkommenheit der Liebe, Harmonie und Schönheit — wie Hazrat Inayat Khan es zusammenfaßt. Alle charakterlichen Qualitäten, die im Menschen als Samen angelegt sind, verkörpert Gott in Vollkommenheit — Güte, Wahrheit, Geradheit, Standhaftigkeit — um nur einiges zu nennen. Und die Meister lehren, diesem Ideal nachzustreben. Darum bittet der Gläubige den Herrn:

»Zieh uns näher zu Dir hin, in jedem Augenblick unseres Lebens, bis in uns sich widerspiegelt Deine Gnade, Deine Herrlichkeit, Deine Weisheit, Deine Freude und Dein Frieden!«

Und er ruft Ihn an: »Liebe, Liebender und Geliebter Herr, Du bist unser Göttliches Vorbild!«

Die Sehnsucht nach Gott und nach der Göttlichen Vollkommenheit — Inbegriff des Friedens und der Seligkeit! — ist jedem Menschen eingeboren. Und wenn man — innen und außen — der Stimme dieser Sehnsucht mit allen Sinnen lauscht und ihr folgt, ist man unterwegs auf dem Pfade der Menschwerdung, auf dem das Herz sich für das Göttliche Geheimnis öffnen wird und alle Dunkelheit in Seinem Lichte vergeht. Dann wird man auch immer mehr beitragen dürfen zur Erfüllung der Aufgabe, die — entsprechend der ersten Bitte — nun in der siebten ausgesprochen wird:

Die siebte Bitte:
»Gib Deinen Frieden, o Herr, Du unser Vater und Mutter, auf daß wir, Deine Kinder auf Erden, uns vereinigen mögen in einer einzigen Bruderschaft!«

Es ist irdisch-weltlichem Denken unvorstellbar, daß die Menschheit sich tatsächlich in einer einzigen Bruderschaft friedvoll zusammenfinden könnte. So eine Bruderschaft mag es in überirdischen Sphären geben — aber hier in unserer Welt? Undenkbar! Oder sollte die Erde doch eine »Pflanzschule des Himmels« (E. Swedenborg) sein, in der wir uns entwickeln und lernen zu leben, was wir dann in einer anderen Sphäre bewähren dürfen? Oder, wie Matthias Claudius sagt: »Sind wir hier, um in dieser Welt reif zu werden für eine andere«? Wir wissen es nicht, und Spekulationen führen zu nichts. Eines aber ist gewiß: diese Bruderschaft ist uns verheißen! Selbst wenn man also nicht recht daran glauben kann und mag, sollte man sich sagen: Was an mir liegt, will ich dazu tun. Und das ist das Entscheidende! Zumal dieser Trieb und dieses Streben in jedem Menschen wunderbar und verheißungsvoll angelegt ist! Sitzen wir nicht alle im selben Boot?

Tun, was man vermag; an eben dem Platz, an dem man steht, seine oft so gering erscheinende Aufgabe redlich erfüllen! Und wie schwer ist es oft, im eigenen kleinen Alltag, das Richtige zu erkennen, zu wollen, zu tun, zu lassen! Müht man sich aber darum, so tut man genau das, was erwünscht, was notwendig und heilsam ist — auch ohne daß man den großen Plan und die große Verheißung auch nur im Entferntesten zu ermessen vermag.

Gottes Gedanken sind nicht unsere Gedanken. Unser Bewußtsein und Erkennen ist noch dumpf. Aber das Vertrauen in Seine unbegreifliche und unendlich gütige Verheißung, das ist die Kraft, die uns beim Weiterschreiten und im Aufwärtssteigen hilft. Wir sollten sein wie Kinder, die ihren Eltern auch dann vertrauensvoll glauben und gehorchen, wenn sie noch keineswegs begreifen, worum es geht.

Vertrauen in Gott ist Geborgenheit in Gott — »Du unser Vater und Mutter!« In Seinen Vaterarmen, in Seinen Mutterarmen dürfen wir Schutz suchen und finden.

»Du unser Vater und Mutter« — und zugleich rufen wir den Herrn an, der über aller Vaterschaft und Mutterschaft im unendlichen Geheimnis ist. Wir rufen nicht nur Ihn an, der Namen hat, wir rufen Den an, der jenseits aller Namen und aller Vorstellbarkeit und doch zugleich hier und jetzt in uns und mit uns und durch uns gegenwärtig ist.

Jeder Gottesname ist eine Brücke zu Ihm, dem Namenlosen, die Er uns baut. Auch daß wir Vater und Mutter sagen dürfen, Ihn als Vater und Mutter erfahren dürfen, ist Brücke zu Ihm und ist doch auch

Er selber, und ist Seine Botschaft, das Licht der Gottheit.

»Möge die Botschaft Gottes sich überall verbreiten, die ganze Menschheit erleuchten und sie zusammenführen, zu einer einzigen Bruderschaft in Gott, dem Vater.«

In Gott! Denn in Ihm sind wir als seine Erdenkinder eine Bruderschaft.

Herr, »erhebe uns über die Verschiedenheiten und Unterschiede, die die Menschen voneinander trennen, und vereinige uns alle in Deinem vollkommenen Wesen.«

In Ihm ist die Bruderschaft, die Einheit aller Wesen, gegenwärtige Wirklichkeit. Oft hat man zu recht das Gefühl, von dieser Erfahrung und Wirklichkeit nur allzu weit entfernt zu sein. Aber wir sind ja unterwegs! »Das Leben ist eine Reise von der Unvollkommenheit zur Vollkommenheit« — zur Vollendung in Gott. Und jede Bitte des Friedensgebetes ist eine Bitte um Führung auf dieser Reise, auf diesem Pfad.

»Euer Herz erschrecke nicht!«

Sieben Bitten um Frieden! Sieben Aufgaben für unser Wollen und Sollen, für unser Hoffen und Mühen! Jede kann also offensichtlich nur erfüllt werden, wenn wir im Göttlichen Frieden sind.

»Gib Deinen Frieden, auf daß . . .« — so beginnt jede Bitte. Gib Deinen Frieden, auf daß unser Leben gelingen möge und auch wir Friedensstifter werden!

Wie aber kann man sich diesen Frieden, der hier gemeint ist, vorstellen? Läßt er sich beschreiben? Läßt er sich auch nur annähernd mit dem vergleichen, was man hier in der Welt unter Frieden versteht?

Weltlicher Frieden ist oft nichts anderes als Fortsetzung des Streites oder Krieges mit anderen Mitteln, als »provisorischer Nicht-Krieg« — ein lauernder Balanceakt zwischen Angreifen und Verteidigen — himmelweit vom himmlischen Frieden entfernt!

Hazrat Inayat Khan fragt: »Weshalb ermangeln wir des Friedens?« und antwortet: »Weil wir an Sinnesempfindungen hängen«, weil wir der sinnlichen Erscheinungswelt verhaftet und hörig sind. Und er sagt weiter: »Das Leben der Sinnesempfindungen bringt uns vorübergehend Freude; das Leben aber in seinem Uraspekt gibt uns Frieden und gipfelt in ewigem Frieden.«

Aber wollen wir überhaupt auf die Sinnesempfindungen verzichten? Dazu heißt es: Wir dürfen uns an der Welt als Gottes Schöpfung erfreuen, wir dürfen sie genießen, wir dürfen auch besitzen — aber wir dürfen nicht von der Welt besessen sein! Da liegt der Unterschied! In einem alten Symbolwort heißt es: »Das Boot darf im Wasser sein, aber das Wasser nicht im Boot.« Das ist Lebenskunst, ja man könnte sagen, heilige Lebenskunst.

Es gibt keinen Frieden, er mag noch so unvollkommen sein, der nicht — bewußt oder unbewußt — den Göttlichen Frieden zum Vorbild hätte. Es gibt keine Sehnsucht nach Frieden, die nicht in Gott ihren Ursprung hätte. Denn unser Göttliches Selbst ist Frieden.

Darum sagt Hazrat Inayat Khan: »Um zum Frieden zu gelangen, müssen wir den in der Tiefe unseres Wesens befindlichen Rhythmus suchen. Es verhält sich damit gerade wie mit dem Meer: die Oberfläche des Meeres ist rastlos bewegt, die Tiefe des Meeres ist still.« Und »trotz aller Tätigkeit und Bewegung an der Oberfläche werden wir fähig sein, den Frieden ungestört zu erhalten, sofern wir ihn dadurch zu wahren wissen, daß wir seiner bewußt werden« — daß wir bewußt in der Tiefe verankert sind.

Wenn wir fragen, was wir auf Erden als wahren Frieden bezeichnen würden, könnte man antworten: ein dynamisches Gleichgewicht der Kräfte, die sich dem Licht zuwenden.

Was aber dürfen und können wir über den Göttlichen Frieden sagen, der »vollkommen und ewig ist«, wie es in der ersten Friedensbitte heißt?

Der Apostel Paulus sagt vom Frieden Gottes, daß er höher sei als alle Vernunft (Phil. 4, 7), höher als alle irdische Vernunft! Gleich dem Licht, in dem keine Finsternis ist!

Jesus Christus sagt von dem Frieden, den er gibt: ». . . nicht gebe ich euch, wie die Welt gibt. Euer Herz erschrecke nicht und fürchte sich nicht!« (Joh. 14, 27)

Im ersten Augenblick mag man überrascht sein, bei der Friedensverkündigung die Worte »Euer Herz erschrecke nicht!« zu finden. Auch die Engel, die den Hirten auf dem Felde die Frohe Botschaft verkündeten, den Frieden auf Erden für die Menschen, die guten Willens sind, riefen: »Fürchtet euch nicht!« (Luk. 2, 10)

Wenn in das Halbdunkel oder Dunkel des menschlichen Denkens und Begreifens plötzlich das überhelle Licht der Göttlichen Verkündigung einbricht, erbebt das Herz bis in die Grundfesten — aber möge es nicht erschrecken! Darum rufen die Boten und Botschafter Gottes, die Seine Botschaft verkünden: »Fürchte dich nicht! Siehe, wir verkündigen euch große Freude!«

Und wenn man bereit ist, sehnsüchtig bereit, und sich der Göttlichen Botschaft anvertraut, wacht das Urvertrauen wieder auf, und Göttlicher Friede strömt ein — reinigt, erhebt, stärkt und wandelt den ganzen Menschen.

»Ob nun unsere Lebensbedingungen besser oder schlechter werden, als erstes gilt es, das Reich Gottes in uns zu suchen, wo unser Frieden ist. Sobald wir es gefunden, haben wir unsere Stütze, unser ›Selbst‹ gefunden.« In der Herzmitte!

Ein deutscher Ausdruck für Meditation ist das Wort »im Herzen bewegen«. Wenn man das Friedensgebet in dieser Weise im Herzen bewegt, wird man durch alle Gefahren und in allen Verworrenheiten des Lebens sicher geführt.

Im Göttlichen Frieden empfängt man die Kraft, seine Aufgabe hier auf Erden immer besser zu erfüllen, und in der Erfüllung der Aufgabe erfährt man immer tiefer die Seligkeit Seines Friedens. So steigt man auf in der Spirale des Empfangens und Erfüllens. Und »im Frieden finden wir Gottes Gegenwart.«

Meister Eckehart schrieb:

»Genauso weit wie wir in Gott sind,
so weit sind wir im Frieden.«

Ein Chor der Anbetung

Im Geist einer Universalen Ökumene

Allein den Betern kann es noch gelingen,
das Schwert ob unsern Häuptern aufzuhalten,
und diese Welt den richtenden Gewalten
durch ein geheiligt Leben abzuringen.

Reinhold Schneider

Herr,
laß das Böse geringer werden
und das Gute umso kräftiger sein.
Laß die Traurigkeit schwinden
und Freude um sich greifen.
Laß uns annehmen und geben können
und einander behilflich sein.
Laß die Mißverständnisse aufhören
und die Enttäuschten Mut gewinnen.
Laß die Kranken Trost finden
und die Sterbenden Deine Erbarmung.
Laß uns wohnen können auf Erden
und die Ernten gerecht verteilen.
Laß Frieden unter den Menschen sein,
Frieden im Herzen – rings um die Erde.

Benediktinisch (*19*, Heft 11)

O Herr,

Du Urquell des Seins,
Du Fülle der Weisheit,
Du Born der Liebe und Glückseligkeit!

Wir sind hier versammelt als Deine Diener,
als Brüder und Schwestern,
die sich Deiner Gnade erfreuen.

Verleihe uns Weisheit, Duldsamkeit und Liebe,
einander anzunehmen, wie wir sind.
Gib uns Geduld, einander
mit Sorgfalt und Einfühlung zuzuhören.
Bring uns in Deiner Gegenwart zueinander.
Bewahr uns, daß unsere Absichten selbstlos bleiben.
Mache uns zu Werkzeugen Deines Friedens.

O Herr,

Wir gedenken all derer,
die nicht in Frieden leben können.
Wir gedenken all derer, die nach Brot verlangen.
Wir gedenken all derer,
die nach Gerechtigkeit dürsten.
Wir gedenken all derer, die Dein Licht erwarten.

O Herr,

Wir bekennen unsere Fehler.
Wir bitten Dich, uns zu erleuchten.
Friede sei mit uns allen!

Dialog-Gebet in Madras 1985 (*4*)

O Herr,

Mache mich zu einem Werkzeug Deines Friedens;
Wo Haß ist, dahin laß mich Liebe bringen;
Wo Beleidigung ist, da laß mich Vergebung bringen;
Wo Uneinigkeit ist, möge ich Einigung bringen;
Wo Zweifel ist, dahin laß mich den Glauben tragen.
Wo Irrtum ist,
dahin möge ich die Wahrheit bringen;
Wo Verzweiflung ist,
lasse mich die Hoffnung bringen;
Wo Traurigkeit ist,
dahin laß mich die Freude bringen,
Wo Finsternis ist, sei ich Bringer des Lichts.

O Herr,

laß Du mich trachten:
nicht daß ich getröstet werde,
sondern daß ich tröste;
nicht daß ich verstanden werde,
sondern daß ich verstehe;
nicht daß ich geliebt werde,
sondern daß ich liebe.

Denn wer gibt, dem wird wieder gegeben;
Wer vergibt, dem wird wieder vergeben;
Wer stirbt, der wird aufersteh'n zum ewigen Leben.

Friedensgebet des Heiligen Franz von Assisi

Gelobt seist Du, erhabenster Gott,

Allmächtiger, Alldurchdringender, Allgegenwärtiger,
Du einziges Wesen.
Nimm uns auf in Deine Vaterarme,
Enthebe uns der Erdenschwere.

Deine Schönheit beten wir an,
Dir ergeben wir uns willig,
Gnädigster und barmherzigster Herr,
Du Göttliches Ideal der Menschheit!
Dich allein beten wir an,
Zu Dir allein geht unser Sehnen.
Öffne unser Herz Deiner Schönheit,
Erleuchte unsere Seele mit Deinem Göttlichen Licht.

O Du, Vollkommenheit der Liebe,
Der Harmonie und der Schönheit,
Allmächtiger, Schöpfer, Erhalter,
Richter und Verzeiher unserer Unvollkommenheit!

Herr, Gott des Ostens und des Westens,
Der Welten über uns und unter uns,
Der sichtbaren und der unsichtbaren Wesen,
Gieße über uns Deine Liebe und Dein Licht,
Gib Nahrung unserem Leibe,
Unserem Herzen und unserer Seele,
Gebrauche uns für den Zweck,
Den Deine Weisheit erwählet,
Und führe uns auf den Weg Deiner Güte.

Zieh uns näher zu Dir hin,
In jedem Augenblick unseres Lebens,

Bis in uns sich widerspiegelt Deine Gnade,
Deine Herrlichkeit,
Deine Weisheit, Deine Freude und Dein Friede.

Amen

Sufi-Gebet (*28*)

Möge der,
welcher ›Unser Vater‹ für die Christen,
Jehova für die Juden ist,
Allah für die Muselmanen,
Ahura Mazda für die Zarathustrier,
Aarhat für die Jainas,
Buddha für die Buddhisten,
Brahma für die Hindus,
Möge dieses Allmächtige
und Allwissende Wesen,
das wir alle als Gott anerkennen,
den Menschen den Frieden geben,
und unsere Herzen in einer geistigen
Bruderschaft vereinen.

Swami Vivekananda (*19*, Heft 11)

O Gott,
setze Licht in mein Herz
und Licht in meine Seele . . .
Gib mir Licht,
stärke mein Licht,
mach mich zu Licht.

Mohammed

Gelobt sei Gott, der Weltenherr,
Der Erbarmer, der Barmherzige,
Der König am Tag des Gerichtes!
Dir dienen wir,
Und zu Dir rufen um Hilfe wir,
Leite uns den rechten Pfad,
Den Pfad derer, denen Du gnädig bist,
Derer, auf die nicht wird gezürnt,
Und derer, die nicht irregehen.

1. Sure des Koran

Inmitten dieser Meeresflut,
wo furchtbar Wog' um Woge bricht
und Alter uns und Tod umspülen,
o laß ein Eiland uns erspähen,
ein Eiland zeig mir, Du, o Herr,
aus aller Qual zu retten uns.

Sutta-Nipata, 1092

Herr, zeige mir Deine Wege
und lehre mich Deine Steige.
Leite mich in Deiner Wahrheit und lehre mich,
denn Du bist der Gott, der mir hilft,
täglich harre ich Dein.

Psalm 25, 4-5

Heile Du mich, Herr,
so werde ich heil;
hilf Du mir,
so ist mir geholfen,
denn Du bist mein Ruhm.

Jesaja 63, aus 16

Alles Lebenden Seele
preise Deinen Namen,
Ewiger, unser Gott!
Alles Fleisches Odem verherrliche und
erhöhe ständig Dein Andenken, unser König!
Von Weltzeit zu Weltzeit bist Du Gott,
und außer Dir haben wir keinen König,
der erlöst und hilft und befreit und
rettet, versorgt und sich erbarmt
in jeder Notzeit und Bedrängnis.
Wir haben keinen König außer Dir.
Gott der vergangenen und künftigen
Geschlechter, Gott aller Geschöpfe,
Herr alles Gewordenen, verherrlicht
in der Fülle der Lobpreisungen!
Er leitet seine Welt in Liebe
und seine Geschöpfe in Barmherzigkeit.

Aus dem Jüdischen Morgengebet (*31*)

Buddhistisches Gebet der Schule des Reinen Landes

Ich gebe, Amithaba*, dir mich hin!
Mögen die Geschöpfe alle kommen zur Erkenntnis von dem großen Gesetz des Lebens, und erfassen die Dinge, die von oben kommen!
Ich gebe dem großen Lebensgesetz mich hin!

* Amithaba heißt »unermeßlichen Glanz habend«. Im Vajrayāna-Buddhismus einer der vier Buddhas, die den All-Buddha — Vairocana, der Sonnenhafte — umgeben. Gehört zur Schule des »Reinen Landes«. Japanisch: Amida, der Buddha der Liebe. (*55*)

Mögen die Geschöpfe alle sich versenken in die Tiefen der Schriften und zu der Weisheit gelangen, die gewaltig ist wie das Meer!

Ich gebe der Gemeinschaft der Heiligen mich hin! Mögen die Geschöpfe alle in einem großen geschlossenen Zug schreiten hin zur großen Versammlung aller Heiligen! (*15*, S. 143)

In Andacht erhebe ich meine Hände zu Dir,
Du mein Gott . . .
Siehe, wir sehnen uns nach Dir,
Du Gott und Du Güte.
So mache uns würdig, hier und für immerdar.
Nur im Guten wohnt der Friede!

Avesta, aus Yasna 28, 1-2

Zuflucht der Wesen Du!

Reinheit in allem, was läutert! Du allein herrschst über die in den hohen Räumen, Höchster über den Höchsten, Beschützer der Schützenden! Allmächtiger Herr, offenbar als die Formen von allem, doch selber nicht offenbar und nicht zu zerstören, der Du, nicht spürbar den Sinnen, die Wahrheit doch selbst bist, unfaßbar und alles durchdringend, verborgen und ohne Gestalt.

O Herr, Licht des Alls!
sei uns gnädig,
schütze uns vor dem Übel!

Shankaracharya (etwa 788-820)

Ehre Dir, vollkommene Weisheit,
unbegrenzter transzendenter Gedanke!

Mit einem Gedanken der Liebe
möchte ich die ganze Welt durchdringen.
Möge diese Liebe sich ausbreiten,
möge sie die Welt umschließen.
Laß alle Wesen glücklich sein,
laß sie alle frei sein von Leid,
und schenke ihnen
das Bewußtsein der Einheit.

Buddhistisch

Literaturnachweis

Eine kleine Auswahl*

(1) ALT, Franz: »Jesus – der erste neue Mann«, Piper, München 1989

(2) ALTMANN, Hans Heinz: »Grenzsituationen meines Lebens«, Dr. Grüb Nachf., Bollschweil

(3) BHAGAVAD GITA: Übers. Dr. Franz Hartmann, Schatzkammer, Calw

(4) BRÜCK, Michael von: »Dialog der Religionen«, Goldmann, München 1987

(5) DERS. (Hrsg.): »Dialog der Religionen«, Zschr., Chr. Kaiser, München 1991

(6) BUDDHO, Gotamo: »Also sprach der Erhabene«. Eine Auswahl aus seinen Reden, Übers. K.E. Neumann, Artemis, Zürich 1962

(7) DABU, Dastur Khurshed S.: »Message of Zarathustra«, Bombay 1956

(8) DIALOG DER RELIGIONEN: siehe von Brück

(9) DOLE, George: »Der Kongreß der Weltreligionen«, in Zschr.: *Offene Tore* I/90, Swedenborg, Zürich

* Die kursiv gedruckten Zahlen im Text beziehen sich auf die Numerierung dieses Verzeichnisses.

(10) Drewermann, Eugen: »Der tödliche Fortschritt«, Herder, Freiburg 1991

(11) Dürr, Hans Peter (Hrsg.): »Physik und Transzendenz«, Scherz, München 1986

(12) Esoterik: siehe Frensch

(13) Frankl, E. Viktor: »Das Leiden am sinnlosen Leben. Psychotherapie für heute«, Herder, Freiburg 1980

(14) Frensch, Michael: »Lust an der Erkenntnis — Esoterik von der Antike bis zur Gegenwart«, Piper, München 1991

(15) Gebete, Die schönsten — der Welt, Südwest, München 1967

(16) Gemeinsam vor Gott: siehe Kirsten

(17) Glasenapp, Helmuth von: »Der Pfad der Erleuchtung«, Diederichs, Düsseldorf 1956

(18) Ders.: »Die fünf großen Religionen«, Diederichs, Düsseldorf 1952

(19) Goldene Mitte, Die — Im Geist einer Universalen Ökumene. Kostbare Texte — einst und heute, Verlag Heilbronn, Heilbronn
Heft 6: G.E. Lessing: Die Parabel von den drei Ringen

Heft 7: M.R.F. von Scholtz: Im Geiste der Einheit
Heft 9: »Vater unser!«
Heft 10: Hazrat Inayat Khan: Erleuchtete Worte
Heft 11: »Du bist unsere Zuflucht«
Heft 12: Buddhismus
Heft 13: Zarathustra
Heft 14: Religionsfreiheit
Heft 19: Die Gottesliebe in der Bhagavad Gita
Heft 20: Schalom!
Heft 21: Rabindranath Tagore

(20) GOLLWITZER, Gerhard: »Die durchsichtige Welt. Ein Swedenborg-Brevier«, Swedenborg, Zürich 1966

(21) HAHN, Georg: »Der Glaube der Denker und Dichter« (Martin Buber, S. 103), Kreuz, Stuttgart 1983

(22) HARTMANN, Franz: »Denkwürdige Erinnerungen«, Schatzkammer, Calw

(23) HECKER, Helmuth: »Das Leben des Buddha«, Buddhistisches Seminar, Hamburg 1973

(24) HEILER, Friedrich: »Die Religionen der Menschheit«, Reclam, Stuttgart 1959

(25) DERS.: »Ecclesia Caritatis. Ökumenische Predigten für das Kirchenjahr«, Edel, Marburg 1964

(26) INAYAT KHAN, Sufi Hazrat: »Sufi-Weisheiten. Aphorismen«, Verlag Heilbronn, Heilbronn 1987

(27) DERS.: »Friedensgebet«, a.a.O. 1984

(28) DERS.: »Sufi-Brevier«, a.a.O., 1991

(29) DERS.: »The Sufi Message«, Vol.I, p. 13-22, Barrie and Rockliff, London 1960

(30) JÜDISCH-CHRISTLICHE GOTTESDIENST, Der – in der Vaterunser-Kapelle, Herder, Freiburg 1981

(31) JÜDISCHER GLAUBE (Hrsg. K. Wilhelm): Eine Auswahl aus zwei Jahrtausenden. Carl Schünemann, Bremen o.J.

(32) KALTENBRUNNER, Gerd Klaus: »Vom Geist Europas«, Mut, Asendorf

(33) KIRSTEN, Reinhard (Mithrsg.): »Gemeinsam vor Gott, Religionen im Gespräch«, Jahrbuch, Dr. Brandt, Hamburg

(34) KÜNG, Hans: »Projekt Weltethos«, Piper, München/Zürich 1990

(35) KURZ, Wolfram K.: »Suche nach Sinn. Seelsorgerliche, logotherapeutische, pädagogische Perspektiven«, Stephanus, Würzburg 1991

(36) LAPIDE, Pinchas: »Die Bergpredigt«, Grünewald, Mainz 1983

(37) LAO-TSE: »Tao Te King«, Reclam, Stuttgart 1961

(38) LINDENBERG, Wladimir: »Die Menschheit betet«, Reinhardt, München 1985

(39) LÜCKER, Alberta (Hrsg.): »Religionen, Frieden, Menschenrechte. Dokumentation der ersten Weltkonferenz der Religionen für den Frieden, Kyoto 1970«, Jugenddienst, Wuppertal 1971

(40) MENSCHING, Gustav: »Die Söhne Gottes«, Löwit, Wiesbaden o.J.

(41) DERS.: »Leben und Legende der Religionsstifter«, Holle, Darmstadt o.J.

(42) MINSKY, Marvin: »Mentopolis«, Klett-Cotta, Stuttgart

(43) NASR, Sejjed Hossein: »Die Erkenntnis und das Heilige«, Diederichs, München 1990

(44) PETUCHOWSKI, Jakob J.: »Melchisedek — Urgestalt der Ökumene«, Herder, Freiburg 1979

(45) PESESCHKIAN, Nossrat: »Positive Familientherapie«, Fischer, Frankfurt 1980

(46) PURUCKER, Gottfried von: »Die Goldenen Lehren der Esoterik«, Theosophical University Press, Pasadena/München 1931

(47) QUR-AN, The Holy: Übers. Abdullah Yusuf Ali (engl.), Sh. Muhammad Ashraf, Kashmir Bazar, Lahore (Pakistan) 1938

(48) RADHAKRISHNAN, Sarvapalli: »Erneuerung des Glaubens aus dem Geist«, Ullstein, Berlin 1955

(49) RAMAKRISHNA, Sri: »Die Harmonie der Religionen«, Atharva, Frankfurt o.J.

(50) DERS.: »Leben und Gleichnis«, Barth, München 1975

(51) DERS.: »Sri Ramakrishnas ewige Botschaft«, Rascher, Zürich 1955

(52) RELIGIONEN, Frieden, Menschenrechte: siehe Lücker

(53) SCHOLTZ, Múrshida R.F. von: »Hoffen und Erkennen, Aphorismen zur Meditation«, Verlag Heilbronn, Heilbronn 1981

(54) DIES.: »Dem Einen entgegen . . .«, ebenda 1991

(55) SUZUKI, Daisetz T.: »Amida — Buddha der Liebe«, Barth, München 1974

(56) SWEDENBORG: siehe Gollwitzer

(57) TESTAMENT, Das Alte und das Neue: vorwiegend in der Übersetzung von Martin Luther, Ausgabe 1903 und 1910

(58) UPANISCHADEN, Die schönsten: Rascher, Zürich 1951

(59) VIVEKANANDA, Swami: »Hinduismus«, Rascher, Zürich 1935

(60) DERS.: »The Complete Works of Swami Vivekananda«, Vol. I, Advaita Ashrama, 5 Delhi Entally Road, Calcutta 14

(61) WEDEMEYER, Inge von: Siehe »Bücher von Inge von Wedemeyer«, S. 198

(62) WEHR, Gerhard: »Die Bruderschaft der Rosenkreuzer. Esoterische Texte«, Diederichs, Köln 1987

(63) DERS.: »Esoterisches Christentum«, Klett, Stuttgart 1975

(64) WILKEN, Karl-Erich: »Petra, die Königin der Karawanenstädte«, St.-Johannis-Druckerei, Lahr-Dinglingen o.J.

(65) ZARATHUSTRAS WORTE: Urtext ausgelegt von H.K. Iranschähr, Amadeo, Olten 1968

(66) ZEN: »Aussprüche und Verse der Zen-Meister«, Insel, Frankfurt 1964

(67) ZOROASTER, Bücher des (Übers. v. Ignatius Pietraszewski), Commissionsverlag d. Haude & Spener Buchhandlung, Berlin 1864

(68) ZWEITE VATIKANISCHE KONZIL, Das: Teil II, Herder, Freiburg 1967

Bücher von Inge von Wedemeyer

Sonnengott und Sonnenmenschen. Kunst und Kult, *Mythos und Magie im alten Peru.* Wasmuth, Tübingen 1970

Der Pfad der Meditation im Spiegel einer Universalen Kunst. Aurum, Freiburg 1977

Ein Buch über Bücher. Die Probleme und die inneren Entscheidungen unserer Epoche. 95 Buchbesprechungen. Baden-Baden 1978, jetzt Verlag Heilbronn, Heilbronn

Die Goldenen Verse des Pythagoras. Lebensregeln zur Meditation. Eine Einführung. Verlag Heilbronn, Heilbronn 1983

Pythagoras — Weisheitslehrer des Abendlandes. Inge von Wedemeyer als Autorin und Herausgeberin, Param, Ahlerstedt 1988

Konfuzius, Meister der Güte und Mitmenschlichkeit. Verlag Heilbronn, Heilbronn 1986

Friedrich Rückert — Weltbürger, Dichter und Gelehrter. Eine Einführung mit einer Auswahl aus »Die Weisheit des Brahmanen«. Verlag Heilbronn, Heilbronn 1989

». . . nie verweht der Duft der Rose«. Wege zur Deutung orientalischer Meistererzählungen mit 33 Beispielen. Param, Ahlerstedt 1983

Schicksal der Menschheit: Die Heimkehr des Sohnes, der verloren war. Ullrich Verlag, Calw 1990

Weltformel »Liebe«. Ebenso aktuelle wie zeitlose Themen im Lichte der Meditation. Kristkeitz, Leimen 1990

»Vater unser!«. Kleines ökumenisches Gebetsbrevier. In der Reihe »Die Goldene Mitte«, hrsg. von Inge von Wedemeyer, Verlag Heilbronn, Heilbronn 1985

Gesundheit und Meditation. Studienreihe von 12 Heften: Erneuerung des Lebens aus der Sicht der Meditation — Leben, aber wozu? — Der Baum des Lebens — Liebe, Ehe, Partnerschaft — Lebenslast, Lebensfreude und Gesundheit — Einführung in die Meditation — Leben im Diesseits, Hoffnung aufs Jenseits — Wie Musik die Meditation vertiefen kann — Einsamkeit und Gemeinschaft — »Erkenne dich selbst« oder »Vom Umgang mit mir selbst« — Schweigen, Tor zur Meditation. Kurt Fechtner Verlag, Ludwigshafen 1982 - 1986

Noch immer ist sein Poncho bunt. Südamerikanische Erzählungen. Engelbert, Balve 1975

Am Ufer des Rio Rimac. Südamerikanische Erzählungen. Claudius, München 1969

Die sausende Weltmaschine. Ultrakurzgeschichten. Claassen, Hamburg 1968

Den Herzton stimmen. 101 Dreizeiler aus dem Buch der Natur. Meditationen. Dem Wahren – Schönen – Guten, Baden-Baden 1991

Sri Krishna und Jesus Christus. Eine Hinführung zur Bhagavad Gita und Gegenüberstellung mit Worten aus der Bibel. Ullrich Verlag, Calw, i.V.

Inge von Wedemeyer als Übersetzerin und/oder Herausgeberin

MOIN-UD-DIN CHISHTI: *Die Tafeln der Wahrheit.* Verlag Heilbronn, Heilbronn 1984

IDRIES SHAH: *Das Geheimnis der Derwische. Geschichten der Sufimeister.* Herder, Freiburg 1982

DERS.: *Die fabelhaften Heldentaten des vollendeten Narren und Meisters Mulla Nasrudin.* Herder, Freiburg 1984

SUFI HAZRAT INAYAT KHAN: *Das Lied in allen Dingen. Sufierzählungen und Gleichnisse vom Glück und der Harmonie.* Herder, Freiburg 1985

DERS.: *Musik und kosmische Harmonie aus mystischer Sicht.* Mit einem Vorwort von R.F. von Scholtz. Verlag Heilbronn, Heilbronn 1986

DERS.: *Irdisches Glück und himmlische Glückseligkeit,* Verlag Heilbronn, Heilbronn 1986

CECIL GIBBINGS: *»Gott heilt!« Priester der Anglikanischen Kirche und Heiler in der Sufitradition. Eine autobiographische Skizze.* Verlag Heilbronn, Heilbronn 1987